सविता सिंह

सविता सिंह का जन्म फ़रवरी, 1962 को आरा बिहार में हुआ। उच्च अध्ययन दिल्ली विश्वविद्यालय से। मांट्रियाल (कनाडा) स्थित मैक्गिल विश्वविद्यालय में शोध व अध्यापन। 'भारत में आधुनिकता का विमर्श' उनके शोध का विषय रहा। सेंट स्टीफ़ेंस कॉलेज से अध्यापन आरम्भ करके डेढ़ दशक तक उन्होंने दिल्ली विश्वविद्यालय में पढ़ाया। वे अमेरिका के इंटरनेशनल हर्बर्ट मारक्यूस सोसायटी के निदेशक मंडल की सदस्य एवं को-चेयर हैं।

उनके प्रकाशित कविता-संग्रह हैं—'अपने जैसा जीवन', 'नींद थी और रात थी', 'स्वप्न समय', 'खोयी चीज़ों का शोक', 'वासना एक नदी का नाम है', 'प्रेम भी एक यातना है'। दो द्विभाषिक काव्य-संग्रह 'रोविंग टुगेदर' (अंग्रेज़ी-हिन्दी) तथा 'ज़ स्वी ला मेज़ों दे जेत्वाल' (फ्रेंच-हिन्दी)। उड़िया में 'जेयुर रास्ता मोरा निजारा' शीर्षक से संकलन प्रकाशित। अंग्रेज़ी में कवयित्रियों के अन्तर्राष्ट्रीय चयन 'सेवेन लीव्स, वन ऑटम' का सम्पादन जिसमें प्रतिनिधि कविताएँ शामिल। 'पचास कविताएँ : नई सदी के लिए' चयन श्रृंखला के तहत प्रतिनिधि कविताएँ प्रकाशित। 'प्रतिरोध का स्त्री-स्वर : समकालीन हिन्दी कविता' (सम्पादित)। ल फाउंडेशन मेज़ों देस साइंसेज़ ल दे'होम, पेरिस की पोस्ट-डॉक्टरल फ़ेलोशिप के तहत कृष्णा सोबती के 'मित्रो मरजानी' तथा 'ऐ लड़की' उपन्यासों पर काम प्रकाशित। राजनीतिक दर्शन के क्षेत्र में 'रियलिटी एंड इट्स डेप्थ : ए कन्वर्सेशन बिटवीन सविता सिंह एंड रॉय भास्कर' प्रकाशित। 'पोएट्री एट संगम' के अप्रैल 2021 अंक का अतिथि-सम्पादन। 'खोयी चीज़ों का शोक' के बांग्ला तथा मराठी अनुवाद प्रकाशित। 'प्रेम भी एक यातना है' का उड़िया अनुवाद प्रकाशित। कई विदेशी और भारतीय भाषाओं में कविताएँ अनूदित-प्रकाशित। हिन्दी अकादमी और रज़ा फ़ाउंडेशन के अलावा 'महादेवी वर्मा पुरस्कार', 'युनिस डि सूज़ा अवार्ड' तथा 'केदार सम्मान' से सम्मानित।

सम्प्रति इन्दिरा गांधी राष्ट्रीय मुक्त विश्वविद्यालय (इग्नू) में प्रोफ़ेसर, स्कूल ऑव जेंडर एंड डेवलपमेंट स्टडीज़ की संस्थापक निदेशक।

ई-मेल : savita.singh6@gmail.com

प्रेम कविताएँ
उलटी धार

सविता सिंह

प्रेम भी एक यातना है

राजकमल पेपरबैक्स

राजकमल पेपरबैक्स में
पहला संस्करण : 2025

राजकमल पेपरबैक्स : उत्कृष्ट साहित्य के जनसुलभ संस्करण

राजकमल प्रकाशन प्रा. लि.
1-बी, नेताजी सुभाष मार्ग, दरियागंज
नई दिल्ली-110 002
द्वारा प्रकाशित

शाखाएँ : अशोक राजपथ, साइंस कॉलेज के सामने, पटना-800 006
पहली मंजिल, दरबारी बिल्डिंग, महात्मा गांधी मार्ग, प्रयागराज-211 001
1, अनमोल सोराबजी सन्तुक लेन, धोबी तलाव, मरीन लाइंस, मुम्बई-400 002
वेबसाइट : www.rajkamalprakashan.com
ई-मेल : info@rajkamalprakashan.com

यश प्रिंटोग्राफिक्स
नोएडा-201 301 (उत्तर प्रदेश)
द्वारा मुद्रित

मूल्य : ₹199

PREM BHI EK YATANA HAI
Poems by Savita Singh

ISBN : 978-93-6086-205-3

साथ जुड़ें साथ पढ़ें

एक फूल एक तारे के लिए
यानी मेधा और दिव्या के लिए

और

गाती जाती एक नदी के लिए
यानी सुकृता के लिए

क्रम

रात ओस बन टपकती है

कोई नहीं जान सकता क्यों
शुबर्ट इतना प्रिय संगीतकार है मेरा
कोई कैसे जान सकता है
उसका संगीत मुझे बचाने के लिए ही रचा गया था
नहीं तो कितना कठिन था बच पाना
उन बर्फ़ीली रातों में
जब रात आ मेरे दरवाज़े पीटती थी
बिस्तर पर गिर रोती थी

आज भी जब शुबर्ट पियानो पर बजता है
रात ओस बन टपकती है
हर बार अपने जीवित रहने का अहसास
एक मूक कृतज्ञता में बदलता है।

आह! जीवन

आजकल एक ज्वर-सा रहता है
किन्हीं और के जीवन में बचे रहे प्रेम को
समझती रहती हूँ
अपने सूखे मन-प्रान्तर में यूँ ही टहलती रहती हूँ
प्रेम जहाँ कहीं है भला लगता है

आजकल एक ज्वर-सा रहता है
कुछ भी समझने की चेष्टा नहीं
बस एक ताप महसूस करती हूँ
जाने किस बुख़ार का

कभी-कभी बस बोल पड़ती हूँ
जीवन!
आह! जीवन।

जब फैल चुकी है रात

जब फैल चुकी है रात
इस कोने से उस कोने तक
जब महक रहे हैं कँटीली चम्पा के फूल
हवा में जब बाक़ी है प्रेम की तरह
अब भी कुछ नमी

देखूँ कौन उठता है लहरों की मानिंद
अन्तर्नाद-सा भीतर
शान्त हो ढँक लेने के लिए
दुखते घावों को

देखूँ कौन साथ देता है इस बेला में
एकान्त के इस सम्मोहन में
जब रात उतार चुकी है अपने वसन।

स्वप्न और प्यास

किसी ने सुनी है वह साँस हवा की
जिसमें चलती रहती है प्यास जीवन की
पैदल कोई लड़की किसी सुनसान में जैसे

किसी ने देखा है वह नीला गाढ़ा अन्धकार
स्वप्न के भीगे चुम्बन से जिसका रंग बदलता है।

इस जंगल में

एक चुप में खिले हैं
इतने सारे जंगली
पीले बैंगनी फूल
पेड़ों के आड़े-तिरछे तनों से
सटी फैली हैं वैसी ही वक्र
घूमी हुईं इतनी सारी टहनियाँ
रोयें-रोयें से जिनके चिपके हैं नामालूम
कितने फल कितने पत्ते
बैठीं उन पर चिड़ियाँ इसी नीरवता में
साथ-साथ डोल रही हैं
हवा गुम है गम्भीर भी
समझती हर जीव का अकेलापन इस जंगल में

कितना अजीब सन्नाटा है
कैसी ख़ला है यहाँ
बीच-बीच में बस पुकारता है कोई पंडुक
अपनी मादा को।

सुख

ख़ूब अच्छी हवा है अभी
धूप भी है मीठी
जिसमें गूँजता है दिन
शान्त दिखते हैं पहाड़
हृदय में बहती हैं नदियाँ
और कोई चला जाता है पार इस सुख के
जीवन के सुन्दरतम भ्रम को चीरकर

बची है फिर भी
अभी काफ़ी धूप
है ढेर सारी हवा ठहरी
नींद में उतरने के लिए खड़े हैं
अनगिनत सपने
शब्दों का पूरा एक संसार
बदल रहा है एक नये थरथराते सुख में
जिसे समझती है हवा
लिपटती मुझसे भरती मुझे
हिलाती हुई धूप को मेरे लिए थोड़ा।

दो फूल

किसी झरने के किनारे
हज़ारों वर्ष पुराने पत्थर पर बैठ
हम सुनते एक दूसरे की बातें उन्हें बिना कहे
देखते जल का चपल नृत्य
साथ-साथ बैठते जैसे हो जन्मों का साथ
जैसे सब कुछ आपस में समझ-बूझ लिया गया हो
दो जंगली फूल खिले हों धूप में ज्यों
हवा जिन्हें एक कर रही हो

कई-कई मौसम यूँ ही साथ बैठे रहते
निर्विरोध कल-कल जल पर किए दृष्टि केन्द्रित
एकाग्र जैसे पास के ही पेड़ों पर दूसरे पक्षी
बैठे रहते बिना हुए एक दूसरे के प्रेमी
या बन्धन में बँधे कुछ और
स्वच्छंद प्रकृति में रहते तब भी एक दूसरे के बहुत प्रिय।

भेद

सुख एक भेद है जिसे पाना होता है
कभी किसी अचूक हथियार की तरह
किसी दोपहर
किसी रात
दबी हुई किसी इच्छा की तरह।

रागिनियों का ऊधम

सूरज डूब गया
शाम आई
लौट आईं ढेर सारी इच्छाएँ
दूसरे मन-प्रान्तों से
जो दोपहर से ही चल पड़ी थीं उसकी तरफ़
वह अविचलित सुनती रही थी
उनके पदचाप
उनके ठुनकने की आवाज़ आने लगी थी
तभी से उसे

वह बैठी रही थी फिर भी शान्त
कि जिन्हें आना है वे आएँ
पार कर कामना के कठिन मैदान
लाँघ राग का महासमुद्र
समीप जीवन के आ
दौड़ें धमनियों में बाढ़ आई नदी की तरह
होगा तब फिर रागिनियों का ऊधम

प्रणय का अबाध प्रवाह
हवा लहराएगी तब
अपनी छाती से दुपट्टा उतार।

जो मुझे चाहता था

वह मुझे चाहता था
वह तारा
मुझे पता है तब और
जब कभी तेज़ बारिश हुई
या फिर जब रात हुई ढलने को
सुबह में मिलने को

वह मेरी खिड़की के समीप चला आता था
मेरी साँसों को सुनने
स्वप्न में गीली मेरी देह में
वह कैसे धँस जाता था
यह किसी को कैसे बताऊँ

उसे सिर्फ़ भोर जानती है
जिसके हल्के उजाले के सहारे वह लौटता था
अपने अन्धकार में हर बार।

प्रिया

आज सपनों के बाहर थी रात
जिसे अपना रंग समझ में आ रहा था

आज किसी का इन्तज़ार नहीं था
इन्तज़ार समझ में आ रहा था
जिसे आना था आज
भीतर ही बैठा मिला
मुझे देखते ही बाँहें फैलाईं
और कहा 'प्रिया...'

नई आवाज़ें

सुबह से ही बारिश हो रही है

कभी टप-टप कभी टिप-टिप

सुबह से ही एक आवाज़
ख़ुद को बदल रही है
सुनते हुए भीतर तक उतारते हुए
सह रही है उसे कोई रिक्तता

सुबह से जैसे सह रही है कोई लता
चौड़े गोल पत्तों वाली
बारिश की बूँदों के तेज़
कभी धीमे प्रहार
वही लता जिसमें उमस के उबाऊ दिनों में
खिलते हैं चटख़ बैंगनी फूल
जिसमें कितने ही लाल-पीले कीट
बनाते हैं अपने आवास

और जिनके यूँ होने से बचा रहता है बहुत कुछ

जैसे यह ख़याल कि दाख़िल होगा कोई बरामदे में अभी
इस अनवरत बारिश में भी
झाड़ते हुए अपने कपड़े अपने बाल
छाते को बन्द कर रखेगा एक तरफ़
फिर बढ़ेगा मेरी तरफ़
पाने मुझे

फिर टिप-टिप टप-टप
की आवाज़ें
बदल जाएँगी किन्हीं और आवाज़ों में
एक आवाज़ जो तन्द्रा की होती है
आनन्द की
पत्तों पर होते बूँदों के प्रहारों की।

प्रेम

एक गूँज जो चली गई थी
मन के सुनसान कोने से निकलकर बाहर
लौट आई है
हवा में काँप रही है वह दोपहर की गर्मी बनकर
मन का वह इलाक़ा जो लगभग बंजर हो चला था
पट गया है सूरजमुखी के फूलों से
भ्रम जो तैरता रहता था जाले की तरह आँखों में
सच के अनगिनत रूपों में ढल गया है

वह गूँज जो चली गई थी अस्त-व्यस्त कर सबकुछ
अनगिनत रंगों संग लौटी है
पूरा-पूरा दिन संगीत-सा बजता रहता है आजकल
बेजान दोपहरें भरी रहती हैं तितलियों के रंगों से
मधुमक्खियों के पंखों से उपजती धुनों से

प्रकृति भी किस सहजता से शामिल है इस सबमें क्या बताऊँ
कोई लाल चोंच वाली चिड़िया ज्यों मगन
जंगली फूलों से रस पीती हुई
अनगिनत चींटे-चींटियाँ-ततैये नृत्य करते हुए
केले के फूलों पर जैसे।

हंस और शगाल

आँखें बन्द हैं और गहरा अन्धकार है चारों तरफ़
रात है सच्ची
जिसमें सपने जागते हैं चमकीले सच की तरह
जिसमें पूरा का पूरा जीवन है
यथार्थ की तरह निर्बाध खुला
और वह जो दिखता है आधी खुली आँखों
जब हर तरफ़ प्रकाश होता है
यह जानना भी कैसा सुखद आश्चर्य है
कि रोशनी छिपाती है चीज़ों को अक्सर
जबकि अन्धकार खोल देता है सब कुछ
वे पर्दे भी जिनके पीछे से मृत्यु झाँकती है

कितनी ही बार मैंने अपनी मृत देह
पुराने घर के आँगन में पड़ी देखी है
उन लोगों में मैं भी शामिल हूँ
अपने को यूँ देखने में जो मेरे अपने हैं
यहाँ तक कि मुझे अपनी दिवंगता माँ भी दिखी है

विलाप करती हुई
और वह प्रेमी भी चुपचाप खड़ा
जो कभी नहीं कह सका कुछ भी जीते जी मुझसे

आँखें बन्द हैं और रात है हर तरफ़
सच्ची रात मुझ जैसी ही
जिसमें जागता दिखता है एक स्वप्न
अपने पंख खोलता
जैसे वह कोई बड़ा पखेरू हो
जीवन को उड़ा ले जाने वाला
तभी उसमें अपने ही बनाए बकरे की शक्ल में
दिखते हैं शागाल भी
और सफ़ेद हंस जिस पर एक नवविवाहित युगल बैठा है
किसी विदा-सन्देश की प्रतीक्षा में
जो आता नहीं दिखता

काँपता हुआ हंस ठहरा है जैसे जीवन ख़ुद
प्रेम की प्रतीक्षा में
और शागाल बकरे की शक्ल में
बोल नहीं पाते मनुष्यों की भाषा
अशक्त कह नहीं पाते...
सपने की तरह प्रेम को भी जीना है अपने अँधेरे में
जिसमें वह एक हंस होता है
ठहरा हुआ
थामे थरथराते यथार्थ को
उसकी वेदना में
मगर ख़ुश रहो दुस्साहसी लोगों
जो इसे फिर भी जीना चाहते हो।

बर्फ़ का इन्तज़ार

अन्यमनस्क पीली पड़ रही जिज्ञासा से ढँकी
मेपल के पत्तोंवाली जैसे कोई डाल हूँ
जिससे लगकर हवा गुज़रती है
जिस पर आसमान अपना थोड़ा नीला रंग
टपकाता है
जिस पर सूरज अपनी सबसे कमज़ोर किरण
फेंकता है
अन्यमनस्क फिर भी
मेरा मन बर्फ़ के गिरने का ही इन्तज़ार करता है

बर्फ़ सभी कुछ ढँक देती है
पाप दुख शाप छोटी-मोटी बेचैनियाँ
सुख में चमकने वाले हीरे जैसे
एक-दो क्षण
वह ढँक देती है
गिलहरियों के हृदय में व्याप्त यह डर
कि उन्हें कोई हर लेगा

अन्यमनस्क
बार-बार क्यों चाहती हूँ वही
जो मुझे उदास करे
ढँक ले।

कैफ़े प्राग

लगातार बारिश के बाद
पिघलकर पानी ही तो हो गई थी इतनी सारी बर्फ़
पड़ी महीनों से लदी सड़कों की आत्मा को किए बोझिल
कितने चुम्बनों आलिंगनों टूटे प्यार के
लम्बे रिश्तों को महसूस करती
विषाद की उठती-गिरती लहरों में डूबते
मन की भयावह स्थिति को झेलती
सुनती किसी अन्तहीन रुदन के स्पन्दन में
मरती उम्मीद को कि
अब पुनः प्रेम नहीं किया जा सकता
जो चला गया वह लौट नहीं सकता

यह बर्फ़ प्राग में किसी परिचित के साथ
पीते हैं गुलाश
करते हैं बातें फ़ेलीनी की 'जूलिया और उसकी आत्माएँ' पर
या फिर चुपचाप देखते हैं बारिश
तत्परता से होती है सहमत यह बर्फ़ उनसे जो मानते हैं

कैफ़े प्राग सहज ही अन्तरंग हो जाता है
फीकी किसी हँसी से
चरमरा गए विश्वास से
अकेले लोगों की अजीबोग़रीब दुनिया से
और फिर यहीं तो हुई थी मुलाक़ात
प्रेम में पड़ी इज़ेबेला से
जो मिली थी जब दूसरी बार
तो फटी आँखों से देख रही थी खिड़की के बाहर
ज्वर से पीड़ित प्रेम में आहत
खाती सूखी गार्लिक ब्रेड

कैफ़े प्राग आते हैं सभी
सुखी और दुखी
देखने रोज़ाना कॉनकोर्डिया विश्वविद्यालय की
फ़िल्म दीर्घा में कला फ़िल्मों के शो
कभी अपने को खोजने कभी खो जाने
इन फ़िल्मी चरित्रों में
भुलाने या करने याद बातें
जिन्होंने जोड़ा था उन्हें
इस शहर से, इसकी ठंड से
सम्भव किए थे प्रेम या फिर उपजाई थी घुटन
परिचय में इनके ला खड़ा किया था
क्षणिक मोह में बिलखते सच को

कुछ भी नहीं इस शहर में
कैफ़े प्राग जैसा
शब्द और अर्थों की एक सुंरग-सा
एकालाप की विस्थापित दुनिया में पड़ा औंधा

कैफ़े प्राग इज़्बेला के प्रेम की विफलता पर
दुखी होता है
जूलिया की आत्माओं की मुक्ति की कामना करता है

बाहर बर्फ़ और बारिश धोती रहती हैं अलग से
दिलों के घाव
उनके दाग़।

सारा का सुन्दर बदन

सारा पहने हुए थी झीना-सा एक ब्लाउज़
अन्दर था रेशम का एक स्लिप
होंठ थे सूजे गुलाबी
आँखों में नींद थी अब भी बाक़ी

रात को लिये साथ
मिली थी सारा मुझे पहली बार
उसने उतार रखे थे अपने गरम कोट दस्ताने गुलूबन्द
जैसे वह बदलना चाहती हो इन सबको
लेकिन जानती थी सारा
लादना है इनको निकलते ही
इस गरम कमरे से बाहर
जैसे लदी है यह ज़िन्दगी उसके सुन्दर बदन पर

मिली जब दोबारा मुझे सारा
सटकर बैठ गई मेरे पास
कहने लगी चला गया उसका प्रेम

किसी दूसरे शहर में
अब तो फिर से पाना होगा कोई स्पर्श
ढूँढ़नी होगी कोई और ऊष्मा
क्या होगा अब इस ख़ाली-सी आत्मा का
इसे तो भर नहीं सकती पूरे शहर की बर्फ़ भी
इसे सिर्फ़ प्रेम भर सकता है
मिलता है जो बमुश्किल और मुश्किलों-भरा

मिली सारा जब मुझे तीसरी बार
साथ में था नया प्रेम उसका
उसे चूमता
और उसका शरीर अपनी सुन्दरता पसारे
खिल रहा था धूप में बर्फ़ पर एक फूल-सा

मैंने मन ही मन कहा
ख़ुश रहो सारा, लिये अपना यह सुन्दर बदन
आत्मा की चिन्ता मत करो
वह तो सदा ख़ाली ही रहती है।

प्रेमरत

अभी हमारे पास कहने को क्या था
हम तो भाषा में थे ही नहीं
हमारे पास महज़ अव्यक्त आवाज़ें थीं कुछ
शब्द दूर थे हमसे

फिर भी हम जानते थे कहना
चलो साथ लेटें
ओस-भरी रात में इस तरह भीगें
जैसे भीगता है भीतर का सब कुछ
जब कोई दुराव नहीं होता
बाहर और भीतर का

चलो सब कुछ साथ लेकर
उसके परे चलें
यह क्या होता है इसे भी जानें
चलो हरी घास से पूछते हैं

या फिर तारों से ही
हमें ऐसे सोचते कब उसने देखा था

इतना कम आसक्त
प्रेमरत इतना
कब हमें पहली बार देखा था।

द्रव्य

हमारे पास कहने को बहुत कम था
अभी हम भावों में थे
देह की थोड़ी हरकत भी
दूसरे को चकित कर रही थी
हम चौंकते थे एक दूसरे की
साँसों को बदलते महसूस करते हुए भी
एकाकार की ऐसी स्थिति थी
हम आहत होते किसी भी गति से

हम स्थिर थे
ऐसे ही रहना चाहते थे
हमारी मुस्कराहटें भी व्यवधान थीं
उसकी एक बहुत हल्की तरंग ही
चाहते थे भीतर

एक दूसरे के भीतर समाए
अभी हम कुछ नहीं चाहते थे

इसे हम कोई नाम भी नहीं देना चाहते थे
सम्भोग के परे की एक स्थिति थी
इसमें हम पहली बार गए थे
यहाँ यह कौन-सी स्थिति थी
सोचना भी इसे भंग करने जैसा था

यह एक सिफ़र था
जिसमें हम थे, दो लोग
एक
कोई द्रव्य हम में उतर रहा था।

रेशम से

हमारे पास इस समय एक ख़ुशी थी
हम ख़ुश थे
साथ खड़े-खड़े फूलों को देखते हुए

इस पल कुछ तारे ही थे
जो हमें देखते थे
रात अभी-अभी उतरी थी
धरती पर सब कुछ जैसे हमारा था
ऐसा लगता था

हमें सन्तोष था
हमें कोई और नहीं देख रहा था
हम एक दूसरे को भी नहीं देख रहे थे
हम फूलों और तारों को देख रहे थे
हमारी साँसें ऐसी चल रही थीं
जैसे वे एक दूसरे के सुनने-भर के लिए थीं

हम जीवित थे तो सिर्फ़
इस साथ होने की वजह से

हमारा प्रेम हल्की हवा-सा था
वातावरण में बहता हुआ
हमें समय के महीन धागों से बाँधता

हम अभी रेशम से थे
मुलायम और हल्के।

पिछले साल बारिश

इस समय पिछले साल
बारिश हो रही थी
बरामदे में पानी की मोटी-मोटी बूँदें गिरतीं
और नृत्य करती हुईं जैसे बिखर जातीं

इस समय पिछले साल मेरे पास
मेरा प्यार था
कानों में कुछ-कुछ कहता
उलझा मेरे बालों में जंगली किसी फूल-सा

अच्छी हवा थी एक संसार था उस समय
बादल थे और एक सम्भावना कि
यह संसार और सुन्दर हो सकता है
कोई किसी की देह को आत्मा की तरह
प्यार कर सकता है।

नया एकान्त

आख़िरकार अपनी भाषा में हूँ सुकून से
मुझे खोजने आ सकते हैं मेरे प्रेमी
मैं मिलूँगी भी अब शायद उन्हें सजी-धजी
उनका स्वागत करती
अब मुझमें कोई संशय नहीं
न भीरुता पहले वाली
ज़रा भी रहस्यमय नहीं रहूँगी अब मैं
जैसे मैं थी जब नहीं समझती थी भाषा के तिलिस्म को
उसके विस्तार को

इस समय कितनी सहज हूँ मैं
साधारण कितनी साधारण
सचमुच जैसी मैं हूँ
अपनी कविता में जीवन की समझ की तरह
व्यथित-आनन्दित एक राग की तरह ख़ुद को गाती
बेफ़िक्र जैसे कोई नदी
चुपचाप बहती किसी जंगल में

अपनी भाषा में फिर भी कितनी सबके साथ हूँ
बिना किसी द्वेष और स्पर्धा के
जो झिझक है थोड़ी-बहुत दूसरों को लेकर
वह कविता की ही है
वह ख़ुद उसे झाड़ लेगी जब वह नया समाज बना लेगी
इसका यक़ीन है भाषा को ही

मैं हूँ सुकून से जैसी पहले कभी न थी
आश्वस्त भी कि प्रेम पहचान लेगा इस नये एकान्त को।

रूथ का सपना

रूथ ने देखा एक सपना
उसने देखे थे कई ऐसे सपने
तब उसके साथ थे उसके दूसरे प्रेमी
इस बार वह बिस्तर में अकेली थी
और शहर भी दूसरा था
इस बार आधी रात से ही बर्फ़ गिरने लगी थी
और उसके घर के बाहर
सुबह-सुबह प्रेमियों का एक जोड़ा
झगड़कर अलग हुआ था

रूथ का सपना मामूली सपना नहीं था
उसने देखा था एक घने पेड़ के नीचे
बैठे एक दार्शनिक संत को
जो उसे समझा रहा था अस्तित्व के मा'नी
उसने उसे बताया भाषा ही समस्त संसार है
और उसमें ही एकान्त और प्रेम दोनों सम्भव हैं

रूथ भ्रमित थी
क्योंकि वह तो भाषा में ही थी सदा से
लेकिन उसे प्रेम के बदले प्रेम कभी नहीं मिला
और उसका एकान्त भरा पड़ा था
पिता की यातना और माँ की भीरुता से
यदा-कदा उसमें टहलते हुए आए थे कुछ प्रेमी
जो छोड़ गए थे पीछे सिर्फ़ अपने बिस्तर

रूथ देखना चाहती है कई बार
बस यही सपना
ताकि वह समझे
भाषा में झिलमिलाते अकेलेपन की गरिमा को
कैसे पाया जाए
कि इस बर्फ़ के शहर में कैसे जिया जाए।

एलेन की दोस्त

आज एलेन गया था अपनी दोस्त से मिलने
पहन मोटे चमड़े वाले पुराने बूट
बाहर कड़ाके की ठंड थी लेकिन एलेन गया था
खड़ा दरवाज़े पर उसके
रहा कुछ देर उधेड़बुन में
जाए अन्दर या फिर लौट जाए
बसे किसी चिड़िया या गिलहरी के हृदय में
पाए प्रेम वहाँ
खेले बर्फ़ पर उनके साथ कोई खेल
खोजे मन लगाने के नये तरीक़े
लेकिन वह चला गया आख़िर अन्दर
उतारे बर्फ़ से लथपथ जूते
दस्ताने, लम्बा कोट

लाल चेहरा उसका तप रहा था
खा चोट ठंडी हवाओं की
झेंप और मुस्कुराहट के बीच डोलता

वह आ खड़ा हुआ था हॉलनुमा कमरे में
जहाँ बिल्ली की आँखों में डाले आँखें
बैठी थी उसकी दोस्त
धँसी अपने पुराने सोफ़े में

सारी दोपहर वह पढ़ती रही थी रिल्के की कविताएँ
उसकी दुनिया में एक जंगल-सा
उग आया था
शब्दरहित शान्त वह ताकती रही इधर-उधर कुछ देर

फिर गाड़ दिया अपना सिर एलेन के कलेजे में
सोफ़े से उतर बिल्ली आ दुबकी
कमरे के कोने में लटकी रूसो की एक पेंटिंग के नीचे
कमरे की खिड़कियाँ तेज़ ठंडी हवाओं के शोर में भी
सुनती रहीं एलेन के दोस्त के हृदय में गूँजती
रिल्के की कविताएँ।

प्रेम भी एक यातना है

वह था सफ़ेद महीन मलमल के कुर्ते में
बैठा कुछ पढ़ता हुआ

किताबों का तम्बू था उसका घर
दीवारों पर जिसके लगी थीं कितनी ही
फ्रेम की गई स्मृतियाँ
या कि उसके साबुत टुकड़े पेंटिंग की शक्ल में

एक अजीब दृश्य था यह
जिसका हिस्सा मैं बनने जा रही थी
और मुझे पता भी नहीं था

एक दोपहर जैसा समय था
हल्की-हल्की गर्मी वाला दिन
एक आँधी-सी चल रही थी भीतर
बस स्थिर था तो यह दृश्य

एक यातना की शुरुआत आहिस्ता से
हो चुकी थी
प्रेम भी यातना है यह जानना बाक़ी था।

सपने और तितलियाँ

एक लम्बे सपने का यह छोटा हिस्सा है
इसमें मैं बेदम भाग रही हूँ
देखती हूँ एक घने जंगल में हूँ
पेड़ों-पत्तों के बीच उन्हीं की तरह आश्वस्त
जंगल के जीवों के बीच निर्भय
उनके प्रलापों से अवगत
इधर-उधर घूमती पास की नदी तक जाती
बैठती किसी पुराने पत्थर पर

तभी आता है कोई घोड़े पर सवार
पास उतरता है मेरे
फिर कहता है ढूँढ़ता रहा है वह कई जन्मों से मुझे
कि मेरे पास उसके कुछ फल और नदियाँ हैं
कि वह भूखा और प्यासा है
पीने आया है अपने हिस्से का जल मुझमें

मैं हतप्रभ हूँ
वह नितान्त अपरिचित
उसके चेहरे पर कोई कोमलता नहीं
समीप आने पर चेचक के दाग़ दिखते हैं उस पर
आँखों में कठोर प्रतिज्ञा मुझे पाने की
मुझे घबराया देख वह और दृढ़प्रतिज्ञ होता है
फिर कहता है उसके सहस्त्र पुत्र और पुत्रियाँ
मेरे पास हैं
कि इस बार वह मुझे खो नहीं सकता

सुनकर मैं पीछे हटती हूँ
सपने में भी आभास होता है
मेरा एकान्त सदा के लिए नष्ट होने वाला है
तभी वह मेरी तरफ़ लपकता है
उसके हाथ उसके चेहरे से भी ज़्यादा सख़्त हैं
उसके पैर उसके घोड़े के पैरों की तरह ही
ऐसा लगता है कि वह ख़ुद भी एक घोड़ा है
उसके भीतर भी एक वेग है
एक सनक टापों के रौंदने की क्षमता से उपजी

मैं जान रही हूँ मेरे पास फल और नदियाँ हैं
लेकिन दुर्बल हैं मेरे पाँव
उसके पास वेग और सख़्ती है
पर भूख और प्यास भी
अचानक मैं दौड़ पड़ती हूँ
जाने कहाँ से पैदा होती है ऊर्जा
कहीं से हवाओं का वेग समा जाता है मुझमें
फिर लौटती हैं वे स्मृतियाँ भी

और मैं याद कर पाती हूँ
यह तो वही आखेट है जिसमें मेरी हार हुई थी
मारी गई थी मैं इसी नदी के किनारे
इसी पत्थर पर पड़ी रही थी मेरी मृत देह
मेरी पुत्रियाँ और पुत्र छीने गए थे मुझसे
मेरी नदियाँ और फल लौट गए थे अनंत में

मैं बेतहाशा दौड़ रही हूँ
ऊपर आकाश में उड़ रही हूँ
पानी पर चल रही हूँ
मेरे लिए कहीं कोई बन्धन नहीं
मैं कुछ भी मनचाहा कर पा रही हूँ
ऐसा लगता है चीज़ें इस बार दूसरी तरह घटित होंगी
वह मेरे पीछे-पीछे है घोड़े पर
थोड़ा सुस्त अब रह-रह कर दहाड़ता मगर
फिर बिलखता और सिर को पटकता
दिखाता अपने घाव और रक्तस्राव
और मैं भागती जाती हूँ
पेड़ों की फुनगियों पर पहुँच जाती हूँ
डालों पर झूलती हूँ
यह सब मुझे एक खेल-सा लग रहा है
तभी वह फेंकता है संशय के बीज हवा में
कहता है यह खेल नहीं क्रूरता है

याद करो हम कौन हैं—एक दूसरे के हिस्से
अलग कर दिए गए थे जो कई सदी पहले
याद करो जब मैं लौटा था मृत इसी घोड़े की पीठ पर
और तुम रोती रही थी मेरे लिए अकेली

जाने कितने वर्षों तक
ख़ाली आसमान और मैदान देखती हुई

तुम्हें याद नहीं आख़िर क्या हुआ था
कौन जीता था हारा था कौन
रक्त की एक उफनती नदी हमारे बीच थी
यह सच था और है भी शायद
यों सच थीं वे तितलियाँ भी
जो हमारे भीतर से निकलकर एक दूसरे तक जाती थीं
बैठती थीं हमारे माथों और होठों पर
बदल जाती थीं फिर चुम्बनों में
हम भूल जाते थे रक्त की नदी और उसके हाहाकार को

याद करो, याद करो
और सचमुच याद आता है
कितना समय गुज़रा होगा
सचमुच कई-कई सदियाँ
मगर मेरा वर्तमान अब भी जैसे स्पन्दित है
उन घटनाओं से
काँपती है अब भी साँस
आँखों में आँसू अब भी बचे हैं

आया था मेरे प्रिय को लेकर उसका घोड़ा
जिस पर औंधी उसकी मृत देह पड़ी थी
उसके प्रतिद्वंद्वियों ने षड्यंत्र कर युद्ध में उसे मारा था
प्रेम की यह परीक्षा थी
अब मुझे उसकी सम्पदा से अधिक
उसकी यादों की हिफ़ाज़त करनी थी

बिताने थे जीवन के बाक़ी वर्ष
देखते हुए उन ख़ाली मैदानों और खेतों को
जिनसे होकर आई थी उसकी शान्त देह

अब भी मारक आशंकाएँ
मन में जागती हैं
ज़िन्दा अहसासों के मरने का ख़ौफ़ मन में
करवटें लेता है
कोई तितली मेरे पैरों के पास आ दम तोड़ती है
और मुझे तब किसी घोड़ों की टाप सुनाई देती है
रक्त से लथपथ एक देह अपनी ही पीठ पर
महसूस होती है
एक गरम दोपहर जैसे भीतर शुरू हो जाती है

कितना कुछ होता रहता है सतत एक सपने
और यथार्थ के बीच
प्रेम के भीतर कितनी मृत्यु कितना दुख
बेआवाज़ उपस्थित होता रहता है...

मगर कैसे जानूँ मैं
कि जो यूँ बचा हुआ है याद में और जो है सपने में डराता मुझे
एक ही है
कि सख़्त हाथों और चेहरे वाला यह शख़्स ही
था मेरा प्रिय
कि यही वह घोड़ा था जिस पर मृत्यु आई तब
जैसे आज मेरे लिए
वही हिस्सा था उस तिलिस्म का जिसे प्रेम कहते हैं
जिसके बीचों-बीच आज भी रक्त की नदी बहती है...

× × ×

और फिर आज...
कितना अजीब है सब कुछ
यह याद सपने और नींद के बीच का संसार
जिसमें फूल हैं
और सफ़ेद चाँद सीढ़ियाँ उतरता
धरती सिर्फ़ वाष्प है या कि धुंध का कोई गोला
कुछ लोग फिर भी दिखते कितने साफ़
अपनी मुद्राओं में गम्भीर
भाषा में सचेत
मग्न कामकाज में
जैसे यह दुनिया उनके चलाए चलती हो
भरी हुई है जो फिर भी
अनगिनत तितलियों से
उड़ती हैं परिचित शैलियों में जो
महसूस होतीं उन चुम्बनों की तरह
टिके हैं जो अब भी देह पर
सदियों से सँजोये गए उनके रंगों की तरह ही

और आश्चर्य कि वह भी आता दिखता है इसी में
जिसकी ये तितलियाँ हैं
मृत उन्हीं की तरह
फिर भी कितना सजीव, आह!
लगता है जैसे यह सपने का हिस्सा नहीं
स्मृति का ही विस्तार हो

× × ×

लगता है जब सरल हुआ सब कुछ
आया सपनों के बाहर का वह ख़ाली मैदान

जहाँ कोई घोड़ा नहीं न कोई रक्त से लथपथ देह
तभी प्रवेश करता है वह माथे पर बिठाए रंग-बिरंगी तितलियाँ

आता है कोई प्रिय कवि भी जाने कहाँ से
थामे अपनी बहन के दो निष्पाप कटे हाथ
जो किसी स्त्री के प्रेम की ख़ातिर थे
आता है बोर्ख़ेज़ की कहानी का एक पात्र
लिये वह जादुई किताब
जिसके पन्ने एक बार पढ़े जाने के बाद
दुबारा नहीं मिलते

आता है धीरे-धीरे लौटकर
फिर सारा दुख सारा पश्चात्ताप
जिनसे मेरी दुनिया तब भी जीवन्त थी
सिर्फ़ उसमें तितलियाँ चुम्बनों की तरह नहीं
यातनाओं में शामिल हमशक्लों की तरह थीं
और प्रेम के लिए अस्तित्व ख़तरों में था

बोर्ख़ेज़ की किताब नहीं थी बेशक
खोई चीज़ों का शोक था
और तलाश उस सपने की
जिसमें कोई भी पन्ना अपनी किताब में
दुबारा लौट सकता था।

अतीत

जिसे अब याद भी नहीं कर सकती
जो कभी एक फूल था धूप में खिला
ओस जिसे नहलाती थी
हवा जिसे सँवारती थी
समय के किस गर्त में उसे गिरना पड़ा
किस राख में मिलना पड़ा

समय की आँखों में उसके लिए स्वीकृति नहीं थी
सिर्फ आँसू थे
शायद उसका तब भी बच पाना संभव था
मगर गईं वे सारी सच-सी अनुभूतियाँ
डूबने वैसे रंगों में जिन्हें पहले देखा न था
सिहरने वैसी हवाओं में जिनमें बर्फ़ की ठंड थी

जो गया यूँ अपरिचित रंगों और हवाओं की तरफ़
मिल गया नीली नींद में
उसे कैसे खींच लाए कोई इस बर्बर यथार्थ में

रहने क्यों न दे उसे उन्हीं परतों में
विस्मृति की राख और समय की किन्हीं सुरक्षित कन्दराओं में
स्वप्नों के ज्ञात-अज्ञात अँधेरों में
जो मनुष्य के एकमात्र अतीत हैं अब।

पावस का शीत

आती है मटमैली छायाओं-सी लौट-लौट
स्मृति में अब तक तैरती वे छवियाँ
जिनमें वह नहीं था
उसके होने का कल्पित रोमांच-भर था
उसके होंठों पर उभरी वह तिर्यक हँसी
जो मुस्कुराहट नहीं निमंत्रण थी
और मेरे पाँव शिथिल थे
आत्मा में लहराते समर्पण के विपरीत

उसकी आँखों से टपकती जीवन की प्यास भी
पिघला न सकी मेरी प्रतिज्ञा
जबकि उसमें ताप था धरती के गर्भ का

वहीं रही खड़ी जहाँ बसंत नहीं
पावस का शीत था।

असफल होता प्रेम

हवा निश्चित ही ठहरी हुई है
पृथ्वी के वक्ष पर कहीं
पत्तों के संसार में नहीं है कोई हलचल
पक्षी भी डोलते नहीं
बैठे हैं काठ जैसे
सिर्फ़ मन डोलता है
प्रेम असफल होने वाला है
आज दोपहर बाद नहीं आएगा
प्राणों से भी प्रिय मेरा कोई अपना।

एक शून्य पसरा रहा

मैं चली जाती अगर जानती
कि अब कुछ नहीं बचा
कोई गीत या तिलिस्म लय का
कोई दृश्य अब भी चलचित्र में बचा
नाटक का आख़िरी हिस्सा

नाटक जो जाने कब से खेला जा रहा है
प्रेम जिसमें नतमस्तक अपने पंख काट
अपनी उड़ान समाप्त कर चुका होता है

मैं चली जाती
यदि यह भ्रम न होता
कि कई जीवों के पंख दुबारा उगते हैं
और आसमान उन्हें फिर पुकारने लगता है

मैं बैठी रही
एक शून्य पसरा रहा।

निरपेक्ष

एक उन्माद जो अस्त-व्यस्त किए हुए था
बचने के लिए उससे ख़ुद को तैयार करती
पाती किसी तरह उस सन्तुलन को
जिससे अब तक बची हुई थी
सोचती जैसे किसी नाव पर हूँ
लहरों के बीच उन्हीं-सी
समेटे सारे जल की सहानुभूति
टटोलती मन में किसी अपशकुन की
आशंका को
कौन जाने समाप्त हो जाए
औरों का विश्वास मुझमें
अर्जित किया गया था जो
वर्षों की तपस्या सरीखा
फिर न शुरू हो जाए धुँधुआता वह बीहड़
जो था अपना विस्तार अब तक

यह वही दौर था
जिसमें सबसे अधिक उम्मीद थी प्रेम के मोती बन जाने की
समुद्र बस बगल में ही पसरा हुआ
उसकी लहरों की आवाज़ें
पहुँचती थीं मुसलसल मुझ तक
ऐसा लगता था वहाँ चलकर जाने पर
आएँगी सीपियाँ स्वागत में आगे मुझ तक
आएँगे समुद्री घोड़े रंगीन मछलियाँ
नृत्य करती हुईं
और उनके बीच मैं हँसने का स्वाँग करूँगी

ऐसा हो सकने और होने के बीच
घटा था कितना अपमान
तिरस्कार कितना
तब ही जान पाई
जब खड़ी रही देर तक किनारे रेत पर
और समुद्र अपनी लहरों संग
आता और जाता रहा
निरपेक्ष मुझसे।

कामना उसे पाने की

एक साँस आती है
जाती है एक
एक संसार उम्मीदों पर सिर रखे
अपने दुःखों में स्पन्दित है
एक हवा लाती है सुख
एक ले जाती है अनजानी किसी घाटी में उसे
छोड़ आती है अपनी यात्रा के सारे चिह्न
पहाड़ों और पत्थरों पर कहीं
अपने पैरों का मुझे भी कुछ पता नहीं
किधर जाते हैं वे और क्यों
कविता ही ले जाती है मुझे जिधर वह चाहती
है आजकल

एक साँस आती है
जाती है एक
एक शरीर अपनी देह खोजता है
एक दुःख बदलता है उसे काया में

स्पन्दन में बची रहती है इच्छा
संसार करवटें बदलता है
ऋतुएँ अपने वस्त्र
छटपटाती रहती है तो बस कामना
उसे पाने की जो है ही नहीं कहीं।

किसी और रंग में

यह कहाँ से आती हुई आवाज़ है और किसकी
पीली पड़ी देह की रुग्णता हवा में ज्यों मिली हुई
आकर अपना पीलापन जो छोड़ जाती है

कितना कुछ महसूस करने में है
एक और देह की उन उदासियों को
वर्षों जो उससे लिपटी रहीं
जिन्हें कभी जाना था

किधर से यह आवाज़ आती है
अब बस करो कहीं ठहरो एक जगह
मत मिलाओ सारी ख़ुशबुओं को एक में
जानना कितना मुश्किल हो जाएगा फिर
कौन-सा स्पर्श किसका था

शब्दों पर से ऐतबार न उठे
इसलिए याद रखना ज़रूरी है उसका कहा हुआ

प्रेम में मरना सबसे अच्छी मृत्यु है
और यह भी कि सम्भोग भी आख़िर एक मृत्यु है,
छोटी ही सही
जिसके बाद मनुष्य का दूसरा जन्म होता है
कई ऐसी ही बातें लगभग साँसों पर चलती हुईं
आत्मा से उतारी गई होंगी उसकी ही तरह

किधर से फिर यह कौन-सी आवाज़ आती है
जिससे पहचानी जाएगी एक स्त्री
जिसका पीला रंग बदलने से मना करता है
किसी और रंग में।

पसन्द की जाने वाली स्त्री

प्रेम करती हुई स्त्री ही अब भी पसन्द की जाती है
छल में भी एक अजीब जादू है
जो झूठ में नहीं

कितना मिलता-जुलता है झूठ भी सच से आख़िर
मृत्यु ज्यों प्रेम से

अन्त में सच ही बचाता है हर स्त्री को
लेकिन तब तक वह तब्दील हो चुका होता है
झूठ में कुछ इस तरह
कि वह उसके किसी काम का नहीं रहता

छल रहता है ज्यों का त्यों तब भी
अपने काम करता
प्रेम और मृत्यु का रथ हाँकता।

रुक्मिणियाँ राधिकाएँ

उन्हीं बातों को फिर से दोहराती हूँ
जो जब कही गई थीं
कितनी भली लगी थीं
वही जिनके कहने से हृदय में एक साथ
बहने लगती हैं कई नदियाँ

एक-एक शब्द पर रुकती हूँ मगर
जो चलकर आए थे न जाने समय के किन सन्दूक़ों से
कितने अर्थों के पाँव धोकर
जैसे कोई जलस्रोत प्रेम और यातना के
इतिहास के जंगलों से होकर
रुकती हूँ सुन्दर पर
प्रेम पर फिर
भीतर किन्ही गह्वरों में चली जाती हूँ
ये शब्द अपने अर्थों में तब ऐसे नहीं थे
जैसे जानते हैं आज के भाषा-ज्ञानी

प्रेम की जगह छल कब आ बैठा
जिन्हें समझती रही हैं स्त्रियाँ
नहीं बता पाते वे
कितनी ही कोशिशें की गईं
कितना ही राधिकाओं-रुक्मिणियों ने
अर्थों को उलट-पुलट कर सीधा करने के यत्न किए
कितना सन्तुलन खोया गया इस उपक्रम में
अपने रतजगों में पाया उन्होंने
भाषा भी एक स्त्री है व्यग्र बेचैन
परन्तु पड़ी हुई सुन्न
जानती शब्दों के अर्थ सत्ता-परिवर्तन से
गतिशील होते हैं
प्रेम को प्रेम और सुन्दर को सुन्दर
बनाने में ही ध्वस्त हुईं
कितनी ही रुक्मिणियाँ
राधिकाएँ
भाषा साक्षी है इसकी अपनी विक्षिप्तता में

उन्हीं बातों को फिर से दोहराती हूँ
प्रेम की जगह प्रेम
और छल की जगह छल रखने से
हम एक पुराने ख़तरनाक छल से बच सकते हैं
अब भी।

वह ख़ुद तक पहुँचे

कितना कठिन है उस स्त्री के जीवन का रास्ता
जो किसी पुरुष से कहे—
'मेरा जन्म ही तुमसे प्रेम करने के लिए हुआ है'

यह समय भी नहीं है उससे कुछ कहने का
प्रेम में वह इतनी निरीह दिखती है
इतना ज़रूर सोचती हूँ
जब वह निकले इससे बाहर
सामने मिले उसे सीधा-सरल कोई रास्ता
जिस पर चलकर वह ख़ुद तक पहुँचे।

जैसे वह

यह क्या है
किस पहर का असर यह
कि यूँ उदास हुई जाती हूँ
बस उदास
ऐसी सधी उदासी!
व्यथित होने के लिए
और क्षीण होती आत्मा के लिए
कौन-सा पहर सही है
चुनूँ कैसे वह समय
जिसमें गल जाएगी सारी की सारी प्रसन्नता
चित्त में बाक़ी थोड़ी भी
बचा रहे सूखा-सा दुख फटा-फटा

वह कोई पहर ही रहा होगा
होंठ जब महसूस करते थे होंठ
दोपहर अपना तापमान

सारी पृथ्वी नाचती होती थी जब अपनी वनस्पतियों संग

कौन-सा पहर यह
जिससे निकल चुका है समय जैसे वह।

बचा हुआ धीरज

एक चमक आसमान में घुमड़ती बादलों-सी
देह में नहीं बची थी और कृतज्ञता किसी स्पर्श की
फिर भी घिरी रही जाने कैसे सुख में चुपचाप
जिसे सिर्फ़ वर्षा जानती थी
गिरती थी जो नदियों पर तृप्ति की तरह

एक धीरज भीतर किसी तरह बचा था
काली रात की एक तह-सा
उसी से काम चलता रहा
रात गुज़रते ही दिन के उजाले में
धोया मैंने अपना चेहरा झाड़ी देह अपनी
ख़ुद को सीधा किया
एक काँटे-सी फिर उग गई एक टहनी पर
एक गुलाब जिस पर खिला रहा

एक तड़प आसमान में घुमड़ती रही बादलों-सी
एक तृप्ति बरसती रही भीतर की नदी पर

मैं समझ रही थी मैं सफल हुई थी
अगली कई रातों के लिए सुरक्षित
विचलन की असह्य वेदना से बची हुई
पता था सुख में शामिल रहेगा एक दुख निरन्तर
सहनीय तब भी रहेगा यह सब कुछ
कितने बरस फिर यूँ ही बीते
बिसबिसाती आत्मा रही यूँ ही फिर लगातार
जाने कितने बरस

तभी समा गई फिर से एक अधीरता प्रेम पाने की
फिर से सब कुछ अस्त-व्यस्त हो गया
ग़र्क़ काले रंग में बादलों के
चाँद की तरह उजागर हुई एक नई तड़प
धरती-आसमान एक करती हुई

एक तड़प काँपती रही
भीतर का धीरज जिसे
रात की तह में तह करता रहा।

चाँद और बादल

बादलों से उबरता है चाँद
स्वप्न जैसे नींद से
हवा में डोलती है हौले-हौले घास
और लो निकल आया पूरा का पूरा चाँद

ठंडी रात और उसके सफ़ेद पखेरू
कब से सहते आए हैं
सौन्दर्य के ऐसे अतिक्रमण
मूक अवाक् खड़ी नदी तट पर मैं
ताकती हूँ आसमान

हौले से लगती है किनारे एक नाव
किसको जाना है अभी कहीं और मगर...

मेरी सखी ललिता

स्थिर जलवाले तालाब के किनारे
वहीं जहाँ आम के घने पेड़ों की छाया है
मन्द-मन्द हवा जहाँ बहती है शीतलता लिये
वहीं जहाँ हम मिले थे पिछले जन्मों में
अपलक देखते रह गए थे एक दूसरे को
जब लगा था सारी दुनिया सुन्दर है
कहीं कुछ भी कुरूप नहीं

वहीं आना अपने सुनहरे केश खोले
हाथों में लिये श्वेत कमल
होंठों पर बिठाए वही अविस्मरणीय मुस्कान
जिससे वातावरण में हलचल-सी हुई थी
जहाँ-तहाँ से उड़कर आए थे अनेक पक्षी
देखने हमारा यह मिलन

उसी स्थिर जल वाले तालाब के किनारे
आम की गाछियों की साँवली छाया में

आना मिलने बताने फिर से
कितने हज़ार वर्षों का हमारा साथ है
कितने हज़ार वर्षों से तुम रही हो ऐसी ही
इतनी ही सुन्दर प्रकृति—मेरी सखी ललिता।

तारों का पथ

हम चले जा रहे थे
एक अनजान रास्ते पर
जिसके बगल में पेड़ थे भी
तो कितने अजनबी
उनके पत्ते बैंगनी रंग के
उनके तने थे गहरे धानी
फूल थे किन्हीं डालों पर तो
ऐसे गुलाबी
जैसे हों वे हमारे आह्लादों के रंग
अभी प्रेम ही रँग रहा था
सारी कायनात को

सारा दृश्य उसी का रचा हुआ था
सारी सृष्टि उसी को समर्पित
सारी देह उसी के बन्धन में

यह तारों का पथ था
हम उसकी छिटकी रोशनी के
थे राही।

धन्यवाद प्रेम

रात बीत चुकी थी
बाहर बैठे आसमान थे हम
तारों को देख रहे थे
सारे तारे एक-से नहीं
यह कह रहे थे
तभी एक तारा जगमगाया
तेज़ प्रकाश उजागर हुआ
हमने कहा यह हमारे लिए था
यह रौशनी हमारी थी

अपनी आँखों में उसे दिव्य ज्योति-सा हमने भरा
आलिंगनबद्ध देर तक
जाने किसे धन्यवाद देते रहे।

छिपा हुआ जल

पत्तों की नसों में बहता हुआ जल
पृथ्वी का छिपा हुआ जल है
उसके चेहरे पर उतरी आभा जैसे
पिछले जीवन की उबासियों से
बच कर आया लास्य
अछोर क्षितिज पर ठहरी लाली
आकाश का बुझा हुआ ताप
सुस्ताती पृथ्वी का छोड़ा हुआ रंग
उसकी आँखों में उतरा नेह
मेरी आँखों में सुरक्षित रखने की आकांक्षा जैसे

बहुत कुछ बचा-खुचा-छिपा उजागर
उसी प्रच्छन्न के लिए था
जो उजागर हो कर भी नहीं है

उसके हाथ मेरे बालों में फिरें
ऐसी प्रतीक्षा करती हुई
इस साँझ को आज मैं जाने दूँगी।

अनासक्त

अनासक्त एक-दूसरे को जानें हम
जैसे दोपहर धूप को
चिड़ियों पंखों में छिपे
बेशुमार छोटे पंखों को

आज जानने का दिन बनाएँ
उन सारी चीज़ों का
जिन्हें हम जानते रहे हैं

अनासक्त
आसक्त एक दूसरे से
जैसे मछलियाँ लहरों से
आँखें अपनी रोशनी से
हृदय धड़कन से अपनी

एक दूसरे से दिल की बातें कहें
और इसके बाद भी बचे रहें।

रोशनी

खड़े-खड़े एक दूसरे की आँखों में देखते हुए
हम उतर जाएँगे ऐसे समुद्र में
ज्वार-भाटे जहाँ इन्तज़ार करते हैं
प्राणदायिनी हवा का
अपने जीवों के लिए

खड़े-खड़े ही हाथों में थामे हाथ
हम चले जाएँगे उस घाटी में
रिहाइश है फूलों और तितलियों की जहाँ
भँवरों, गुबरैलों, बीरबहूटियों से मिलना हो सकेगा
हमें देखने को मिल सकती हैं काली चींटियाँ
लाल चींटे अपने काम में मस्त

हमें याद आएगा
हम यहाँ कब आए थे पहले
और यह भी कि हम कौन थे

इन सबों में से किन की तरह
और कब

एक दूसरे की आँखों में झाँकते हुए
हम याद कर लेंगे अपने पिछले जन्मों को
प्रेम का सिलसिला कुछ ऐसा ही अटूट है
उसकी आभा फैली किसी रहस्य-सी
हमें हमेशा घेरे ही रहती है
और हम समझ नहीं पाते यह कैसी दमक है
और किस रोशनी की
जो हमें यूँ पराजित करती रहती है।

कृति

कब झुके तारे
कब आसमान अपना हुआ
कब चाँद आँखों में झाँक गया
कब सूरज अपना रथ
मेरे दरवाज़े पर छोड़ गया
पता नहीं चला

पता चला तो उसके गर्म होंठ
मेरे माथे पर
उसके हाथ हवा में मुझे उठाए हुए
कहते
सृष्टि की अप्रितम कृति
मेरी बाँहों में समाओ
रहो मेरी साँसों में
मेरे हृदय को अपना आवास बनाओ।

जब लौटेगा चाँद

चाँद के लौटने तक
फ़ैसला हो चुका होगा
कितना मिटना है आज रात
कितना बचना
कितनी साँसें खोनी होंगी
कितनी बचानी

चाँद लौटेगा जब दूसरी रात
कई चीज़ें एक दूसरे की हो चुकी होंगी
कई लोग हमारी ही तरह
कुछ पा चुके होंगे
कितनी ज़िन्दगियाँ बदली होंगी
इन्हीं दो रातों के दरमियान

कितने तारे अपना नाम बता चुके होंगे
कितने ही लोग एक दूसरे को
इन नामों से बुला रहे होंगे

तीसरी रात जब लौटेगा चाँद
हमे याद नहीं रहेगा
हम कौन थे इससे पहले।

वासना

चलो मेरी वासना
मिलाओ उस कामना से
जिसे ईश्वर भी करता है।

नाचो पृथ्वी

नाचो पृथ्वी
आ रहे हैं ढेर सारे बादल
ढेर सारी शुभकामनाओं की तरह
गद्‌गद हो रहा है हृदय
बारिश से भर जाएगा सूखा पोखर
भर जाएँगे बेढब कई गड्ढे
रास्ते टूटे-फूटे
भर जाएगा निर्जन एक मन
जिसमें उड़ती-पड़ती रहती है निरर्थक धूल

बादल आ रहे हैं
और हम इस बार विस्तार से सोचेंगे
ख़ुश होने के नायाब तरीक़े
खोल देंगे ताले जो हैं
मन पर कब से डले

नाचो पृथ्वी
आ रहे हैं ढेर सारे बादल
लौटाने तुम्हें तुम्हारी नदियाँ
समुद्र
तुम्हारा जल।

मुक्ति

समय की ख़ाली आँखों में
तैरती शताब्दियाँ
और वह उनमें तैरती मटमैली छायाओं की तरह
रोज़ मुझसे पूछती
कैसे मुक्त होऊँ।

नरम उदासी

यह कैसी नरम उदासी है
जो मेरी देह से लिपटी है
यह कैसा प्यार है जिसके मरने का ख़ौफ़ ही
मार रहा है मुझे
मैं सोचती थी
बहुत आसानी से बदलती इस दुनिया में
बदला जा सकता है जीवन
लेकिन तब जब मन ही इतना रूढ़ हो
प्रेम जैसा ही
तब कुछ भी नया रचे जाने का उल्लास
वह पा नहीं सकता
सिर्फ़ रो सकता है
नरम उदासी के आग़ोश में पड़ा
टिप-टिप बारिश के गीलेपन में अलसाया
डूबा

जब मांट्रियाल मेरा शहर था

गुज़र गए हैं रोज़मंड स्ट्रीट से
जैसे गुज़र जाता है एक पूरा दिन
रोता पछताता अपनी निरर्थकता पर
आती नहीं रात भी वहाँ सहजता से
जंगल में जैसे खो गए हैं पेड़
वैसे ही देखते-देखते
खो गई हैं गुज़रे दिनों की स्मृतियाँ
फूल भी अब फूल नहीं शायद
बर्फ़ भी बर्फ़ नहीं
यह शहर भी कैसा अजायबघर है
खोए लोगों और बदली चीज़ों का

आसान नहीं था गुज़रना
एलमर स्ट्रीट से भी
तृप्ति की पतली नदी से पार हो लेना
प्यास लिये
आसान नहीं था कहना

कि यह शहर डूब रहा है
और फिर पहुँच जाना किसी के घर एक ठंडी सुबह
माँगने नींद

आसान था सिर्फ़ बर्फ़ की अनवरत बारिश देखना
प्रेम और मृत्यु पर सोचते हुए

शैटगे : जहाँ ज़िन्दगी रिसती जाती है

वह शैटगे ही था
शहर के बाहर एक टापू
जिस पर बर्फ़ और हवा वैसी ही थी
जैसी शेरब्रुक पर
जहाँ पहली बार इस शहर को मैंने पाया था
यहीं मुझे एलीना मिली थी
सूजी आँखों वाली सुन्दर एलीना

उसी ने मुझे बताया था
दुख के अपने आह्लाद हैं
जैसे उसका अपना एक जीवन
और जहाँ इतना दुख हो
और इतनी तरह का
बेहतर है उसी की तरफ़ हो लेना

एक समय बाद वैसे भी दुख दोस्त की तरह
हो जाते हैं

लगते हों भले पहाड़ जैसे
होते हैं वे हम जैसे ही
अपनी आँखों में सच्चे
दूसरों के लिए सन्दिग्ध
उनके बग़ैर भी ख़ालीपन महसूस होता है
बेचैन कर देने वाला अतार्किक सूखा
एक ख़तरनाक मासूमियत से भरी उन्मादी ऊब
कभी भी ठंडी हवाओं की तरह आकर
अन्दर बैठ जाने वाली झुरझुरी पैदा करता

तभी देखो यह जानते हुए
कि किनके साथ सुखी रहा जा सकता था
मैं एरिक के पास गई
उसके साथ घूमती रही वर्षों
उसकी धुँधुआती दुनिया में
जिसमें अनिश्चय कविता हशीश और
अनगिनत दूसरी औरतें थीं
कुछ भी नहीं मेरे लिए...
जो था वह दुख था
जिसे पाने के लिए ही
शायद मैं उस तक गई थी

शैटगे जहाँ एलीना रहती थी...
वहाँ से थोड़ी दूर रेड इंडियंस के
रिहायशी इलाक़े थे रेड इंडियंस के रिज़र्व
यानी वे विशाल कारागार
जिनमें वे और उनके पोनी
एक दूसरे को जीते नष्ट हो रहे थे

'यहाँ भी क्या है' एलीना जैसे ख़ुद से पूछती हुई
कहती है 'दुख ही तो'
तभी तो मैं शैटगे आई रहने
मेरी बग़ल में रहने वाली रोज़ भी शायद
इसीलिए यहाँ आई हो
वह क्राइसलर के लिए काम करती है
आधी पागल आधी अकेलेपन के कारण रुग्ण
लेकिन उसी से मेरी बनती है
उसके पागलपन में जो सच्चाई है
वह कहीं और नहीं बच सकती थी
जैसे मनुष्यों से सच्चा प्यार करना
किसी ग़रीब के लिए फ़िक्र करना
अब पागलपन ही समझा जाता है

इसलिए शून्य से तीस डिग्री नीचे तापमान वाला यह टापू
उसे जलता हुआ दिखता है
इस कड़ाके की ठंड के बावजूद
वह नंगे पाँव बर्फ़ पर चलकर घर-घर जाती है
बौद्ध धर्म का प्रचार करती
शान्ति का उपदेश देती है—'दुख अवश्यम्भावी है
जब तक आसक्ति है यानी यह संसार'

लोग उस पर दया कर अपने दरवाज़े खोलते हैं
कुछ पैसे और खाने-पीने की चीज़ें थमा देते हैं
सोचकर वह भिक्षुणी है जिससे संसार छूट गया है
और वह भी सचमुच बौद्ध है
जो मिलता है स्वीकार करती है
फिर रेड इंडियंस के रिज़र्व में जाकर

बाँट आती है
उनके बच्चों और मवेशियों से घंटों खेलती है
और हँसती है अपने इस संसार पर
जिसमें वह रहती है

अक्सर ये लोग भी उसे ख़ाली हाथ नहीं लौटाते
अपनी उदारता में प्रवीण
वे अक्सर उसे हाथ से बुने गरम मोज़े और
दस्ताने भेंट करते हैं
जिन्हें लाकर वह
हम जैसों के बीच फिर बाँट देती है
उनके सेब और नाशपाती जिन पर
उनके नाख़ूनों के निशान होते हैं
जैसे उन्हें टटोलकर ब्रह्मांड का रहस्य
जाना गया हो
ख़ासकर मुझे थमा जाती है

एक दिन एलीना मुझे ले गई
शैटगे के ऐसे रेस्त्राँ में
जहाँ उसका कहना है कि यहाँ सबसे स्वादिष्ट
कॉफ़ी और गाजर की मफ़िन मिलती है
यहाँ एरिक भी आता है
अपनी कविताओं, अनिश्चयों और औरतों के साथ
कभी-कभी कोई बेहद सुन्दर लड़की साथ होती है
जिसे देख लगता है सौन्दर्य भी
दुख के उत्तुंग शिखर पर ही स्थित है
मृत्यु से बस छलाँग-भर की दूरी पर

सब कुछ जानती हुई फिर क्यों बढ़ी
ख़ुद एलीना उस पर्वत की तरफ़ मैंने सोचा
जहाँ कविता और नश्वर देह
एक दूसरे से यूँ उलझे थे
तभी आँखों से वह इशारा करती है
देखो रेस्त्राँ के उस कोने में
कैसे प्रेम और मृत्यु एक दूसरे के सामने बैठे हैं
यानी रिज़वाना और एरिक

एरिक की अलसायी आँखों में सचमुच
एक ऐसा विराग तैर रहा था
जिसमें जीवन के लिए लापरवाही और तिरस्कार था
हवा, बर्फ़ और उस सुन्दर देह के लिए भी
जो ठीक उसके सामने थी उसमें मिल जाने को आतुर
पूरी तरह पराजित

लेकिन एक ठहरा हुआ धीरज
जैसे वह उसके धुआँ-धुआँ संसार में
हशीश से भी ज़्यादा विश्वसनीय सच्चाई का
इन्तज़ार करता हो
मगर किसका?
एलीना जैसे अपने होठों से नहीं
डबडबाई आँखों से कहती हो...
एक यात्रा के ख़त्म होने का
एक सुन्दर मौत का जो मुझसे और
रिज़वाना से भी ज़्यादा मोहक हो

मगर क्यों...एक बेचैनी मुझे बेधने लगी
'क्यों नहीं मगर' पूछती है मुझसे ही एलीना
क्या है जो दुख से ज़्यादा स्थायी है
ज़्यादा सहिष्णु संवेदनशील साथ देने वाला
क्यों न वह चाहे उसे जो है
दुख का अन्तिम पड़ाव मृत्यु
जीवन तो ऊँघती हुई ऊब है उसके लिए अब
एक छल जिसमें जितना डूबो
उतनी ही बढ़ती जाती है उसकी गहराई
जितना चाहो उतनी ही रेत
भुरभुरी उदासी हाथ आती है

एरिक सब कुछ समझ चुका है
तभी स्थितप्रज्ञ वह बीतने दे रहा है ख़ुद को
जैसे अमरीका की असली नियति हो वह
न उसके माँ बाप याद करने लायक
न कोई घर जिसे वह कहे अपना
और अमरीका तो रेड इंडियंस का घर है

वह इसे जानता है
इसलिए वह रहता है अपने
धुएँ, हशीश और कविता में
इन्तज़ार करता एक सहनीय अन्त का

एलीना की इस तरफ़दारी में
एरिक के लिए उसका छुपा प्रेम झलका पहली बार
प्रेम में मृत्यु के लिए पहली ही बार
ऐसा सच्चा निवेदन देखा था

फिर भी यह सब कितना गड्डमड्ड है
सब कुछ एक ख़तरनाक ढलान पर जैसे
किसी तरह ठहरा हुआ

बर्फ़ से ढँका वह द्वीप
इतना धवल उज्ज्वल होते हुए भी कितना रक्ताक्त है
लाल कत्थई नीला
क्यों जिम की जगह एरिक है
सुख की जगह दुख एलीना के लिए
क्यों शेरब्रुक की तरह नहीं हैं दूसरी जगहें यहाँ की
जहाँ एक दूसरे को चूमते हैं प्रेमी
बाँहों में डाले चले जाते हैं
किसी अनन्त में
बेफ़िक्री की सुनहरी सुबह की तरफ़
या फिर शेरब्रुक सुनहरा भ्रम है मेरा अपना
और वे चुम्बन जीवन के अन्तिम उच्छ्वास

गहरी साँस लेती हुई जैसे किसी नींद से जगी हो
एलीना कहती है
सिर्फ़ दुख अनन्त है
प्रेम का अन्त होना ही है किसी शैटगे में
किसी पोनी के खुरों के ठीक नीचे
शराब में डूबी किन्हीं आँखों में
जिनमें अपने देश का सपना अब भी मरा नहीं है
जहाँ अब अमरीका है विस्थापित किए हुए
एक दूसरे देश को
विशाल फैला हुआ था जो कभी
उनके जंगली भैंसों की चरागाह

आखेट-स्थल उनके बच्चों का
स्वच्छंदता का अन्तिम फैलाव था जो
मनुष्यता का...

वह शैटगे है जहाँ हम अभी हैं
यह सिर्फ़ एक जगह नहीं उत्तर अमरीका में
एक द्वीप बर्फ़ से ढँका
घिरा हुआ बर्फ़ की नदी से
यह एक पड़ाव है जीवन का
जिसे यातनाओं ने रचा है
जहाँ ख़ुद को नष्ट करना जीने का एक तरीक़ा है
ज़िन्दगी जहाँ रिसती हुई बर्फ़ में मिलती जाती है

और हम जो यहाँ रहते हैं
जिनके न पोनी हैं न बच्चे
जिनको नहीं बचा सकती रोज़ भी
अपने बौद्ध सन्देश से
जिनको नहीं आता ऊनी मोज़े और दस्ताने बुनना
जैसे नहीं आता यह जीवन जीना ही
सोचो उनके लिए शैटगे कैसा माकूल पड़ाव है
जीवन झाड़ देने का

और उधर पश्चिम की तरफ़
जहाँ एक छोटा-सा घर दिखता है
पेड़ों पत्तों के बीच भी कितना अकेला
ओढ़े कैसा सूनापन
उधर एलिस रहती है
अपने दो अपंग बच्चों और कई बिल्लियों के साथ

वह भी हमारी ही तरह दुख को समझती है
इसीलिए वह उसे अपने बाहर-भीतर जीने देती है
कह सकते हैं वह नहीं, दुख उसे जीता है

कभी-कभी ही भीतर उसके अराजकता लौटती है
छिन्न-भिन्न करती हुई उस कठोर संतुलन को
जो उसका जीवन है
जब चाहकर भी सुख के लिए विलाप करना
वह बन्द नहीं कर पाती
नहीं त्याग पाती कामना
प्रेम, सौन्दर्य और एरिक को पाने की
जो उसका पहला प्रेमी था
जो अब नहीं दे सकता किसी को कुछ भी
न रेड इंडियंस को अमरीका
न सौन्दर्य को प्रेम

अपनी ऊब और उदासी के सिवा एक शिथिल
देह ही बची है उसके पास
वह भी हशीश और कविता के लिए
जिसकी ज़रूरत नहीं अमरीका को

यथार्थ का यह कैसा
अपना ही दुःस्वप्न है
यानी एलीना का
जिसमें उसका एरिक
समय की आँखों में लुप्त हो चुका है
बचे रह गए हैं बस रेड इंडियंस
मूल निवासी धरती के इस हिस्से के

जिन्हें उनके आँसू बचाते रहे हैं
रखते रहे हैं जो सपनीली आँखों को तर

स्वप्न और दुःस्वप्न का फ़ासला आख़िर
एक-दो रातों का ही होता है
हो सकता है एक रात एरिक लौटे
एलीना के सपनों में
प्रेम और सच्चाई पर बातें करे
जिसमें से पूरी तरह ग़ायब हो
हशीश और अमेरिका
सारा विध्वंस सारी हिंसा

प्रेम के बारे में

सिल्विया प्लाथ आओ
मेरी आत्मा में बसो
निश्चिन्तता महसूस करो
यहाँ अकेलापन कोई यातना नहीं
जो ले जाए तुम्हें गैस स्टोव तक
नहीं प्रेम के बदले नहीं मिला प्रेम कोई महादुख
यहाँ जीवन की हल्की रोशनी में फूलों की तरह खिली हुई
मिलेंगी जीवन जीने की अमूल्य सलाहें अब
एक फूल जिनमें से तुम्हें भी जीवित करेगा
अपनी अद्भुत सुगन्ध से

आओ सिल्विया प्लाथ
मुझमें बसो
निश्चिन्तता महसूस करो
यहाँ दूर-दूर तक कोई पुरुष तुम्हें
इतना बेबस नहीं कर सकेगा अपनी क्रूरता से
कि तुम नष्ट हो जाओ

अपने प्रेम से नहीं मार सकेगा वह तुम्हें दोबारा
आओ और अपनी बाक़ी कविताएँ लिखो
बताओ वह कैसी उदासी थी जिसे तुम झेल नहीं पाई
डूब गई जिसमें अन्ततः
और वह भी कि अन्त तक लगाते हुए आख़िरी ग़ोता
क्या सोचा था तुमने प्रेम के बारे में

नींद और सपनों के बाहर

वह सो चुकी थी कई नींदें
कई दिन और रातें बीत चुकी थीं
कई ज़िन्दगियाँ बन और बिखर चुकी थीं इस बीच
लेकिन एक सपना था जो अब भी झिलमिला रहा था
जिसकी झालर को पकड़ वह उठी थी
और उन फूलों को ढूँढ़ने लगी थी
जिन्हें सीने से लगा वह सोने गई थी

जागने पर यह संसार उसे अब भी
बहुत जाना-पहचाना ही लगा था
फूल भले अनुपस्थित थे
लेकिन उसके प्रेमी वहाँ खड़े थे बाँहें फैलाए

हर हाल में प्रेम बचा रहता है उसने सोचा था
फिर आह्लादित हो ख़ुद से कहा था
आसमान को छत और धरती को बिस्तर बना
समुद्र की तरह कोई गीत गाना चाहिए

तभी उसका एक प्रेमी उसे बालों से पकड़
खींचता हुआ ले गया नींद और सपनों से बाहर
समेटे हुए अपने सीने में चुराए उसके सारे फूल
जहाँ सब कुछ नया था अपनी यातना में।

संश्लिष्ट दुख

वैसी ही रात है आज फिर
सुन्दर साँवली अपने बाल खोले
ठंडी हवा जिसमें बहती है
वही स्वप्न झिलमिला रहा है नींद का इन्तज़ार करता
जिसमें हमारे हाथ खोजते थे एक दूसरे की आत्मा

वैसी ही रात आज साँवली अनावृत
ठंडी हवा जिसमें बहती है
लेकिन हमारे दुख पहले से ज़्यादा संश्लिष्ट हैं अब
और हम उनसे मोहित करुणा से भरे अपने लिए
किस क़दर!

एक तारा बस

देर तक भीतर
ढोल पर हल्की थाप-सा
बजता रहा था वह आत्म-प्रलाप
जिसे बार-बार अनसुना करने की कोशिश मैं करती रही

जाने कब तक एक पत्ते-सा डोलता रहा वह दुख
जिसके बारे में कुछ भी नहीं किया जा सकता था
दिन के उजाले में बदल चुकी थी चाँदनी रात
सामने का हरसिंगार झरकर शान्त हो चुका था

एक तारा था बस जो डूबने का नाम नहीं ले रहा था
शताब्दियों से देखता आया था जो इस दुख की पुनरावृत्ति।

आघात

इस पहर एक आवाज़ आती है
अपनी ही साँस चलने की
इस पहर मेरे ही प्राणों के स्पन्दन से
चलती है यह सृष्टि
इस पहर चीज़ों के यूँ होने का
मैं ही हूँ दुखद उद्गम

इसी पहर एक चिड़िया अपने घोंसले में
स्वप्न देख रही है
कि यह दुनिया सुन्दर हो रही है
एक स्त्री अपनी व्यथा को उतारकर
रख रही है एक तरफ़ चिर-परिचित अपने परिधान को
अपने लम्बे बालों को खोलकर दोबारा बाँध रही है
जैसे किसी तैयारी में हो
कहीं जाने की आतुरता हो उसमें
एक सादगी में जैसे वह उतरना चाहती हो
पार करना चाहती हो जैसे कोई नदी

वह पार उतर भी जाती है
जाती हुई दिखती है फिर उधर
जिधर प्रकृति है और हरीतिमा

नये परिधान उसके
जिसमें प्रसन्नचित्त वह प्रतीक्षा करती है
नये आघात की।

समय के आईने में

चली जाती हूँ
आँधी-सी उस हवा में ऐसे
जैसे जानती हूँ उसकी भीतरी अहिंसा
जानती हूँ वह आकर थमेगी मुझमें ही
भर देगी जाने कैसी-कैसी अतृप्तियों से फिर
अधीर होने पर सुला देगी
मेरे ही सपनों की बाँहों में आख़िर

चली जाती हूँ
उन घाटियों में भटकने
जहाँ क़तई उम्मीद नहीं है उससे मिलने की
मेरी कल्पना ने जिसे चुना है
जाती हूँ लौटने हर बार नये सिरे से
उन्हीं अक्षरों के बीच
जिनसे मिलती-जुलती हूँ
मिलती-जुलती हैं जो कितनी उन बिम्बों से फिर

जिनके अर्थ छिपे रहते हैं
उजागर होकर भी

तभी तो समा जाती हूँ निःस्वर
समय के आईने में हर रात
जहाँ संचित है वह आलिंगन
या कि बिम्ब उसका
जिसमें है वह
और उसकी उत्तप्त बाँहें।

रात्रि-प्रहरी

अपनी आत्मा के एक अंश-सा
सौंपती हूँ तुम्हें ये सारे शब्द
जो मुझ तक आए अपनी नश्वरता में

तुम्हें सौंपती हूँ अपनी सारी विह्वलता
जो उमड़ी मुझमें उस नदी की तरह
जिसने देखा अपने तटों पर शब्दों को अस्त होते हुए

उस रूखे ज्ञान का मर्मर तुम्हें सौंपती हूँ
सम्मिलित हवा में जो बहता है
मेरे अस्तित्व में अब तक

तुम जानोगे एक दिन
कैसी है मुक्ति की मेरी उत्कट अभिलाषा
सब कुछ कितना रंगहीन है आस-पास
जब जानोगे

हो एक धूसर रात्रि-प्रहरी तुम
जिसका इन्तज़ार करती है भोर सदा
तुम जानोगे
जब वह सौंपेगी तुम्हें
अपनी सम्पूर्ण कालिमा।

रक्त प्रेम का

मैंने अलग कर लिया था ख़ुद को
तभी जब समझ गई थी
करने पड़ेंगे कई पाप
पुण्य की तरह ही उसे पाने के लिए
जो मेरा इन्तज़ार करता है
मेरे ही भीतर बैठकर

चली गई थी
उन विधवाओं के पास
जिन्हें सम्भोग वर्जित है
जिनके रेशमी स्तनों पर
नहीं पड़ता बाहर का कोई प्रकाश

मैं लौट सकने की हालत में नहीं थी वर्षों
मैंने काट लिये थे अपने हाथ
जिनसे स्पर्श कर सकती उस हृदय का
जिसमें मेरे लिए उद्दाम वासना थी

मेरी आँखों पर पड़े रहे
जाने कब तक
वे अजीब फूल
जो आँखों की ही तरह थे
उनसे रक्त टपकता था प्रेम का
जो फूल की तरह ही था

मैं अब भी चाहती हूँ उस तारे को
जो मेरी तरह है।

जैसे ख़ुद वीरानी

आख़िर मैं बढ़ी झिझकी हुई
उस स्वीकार की तरफ़
जिसमें आहट थी प्रेम की
और एक दीर्घ प्रतीक्षा टकटकी लगाए

एक हॉलनुमा कमरा
पर्दे बिस्तर तकिए ताक़ते ज्यों शून्य में
गुन-धुन में थिराई एक देह

प्रेम घटित होने की उत्सुकता में
थरथराता एक संसार था
उसी स्वीकार पर टिका
गुलाब का कोई पौधा इन्तज़ार करता
ज्यों अपनी मधुमक्खियों का

और हवा थी कि बार-बार
धूल उड़ाती हुई गुज़रती

पहले से अधिक वेगवती
सब कुछ अस्त-व्यस्त कर देने को आतुर

एक आहट फिर भी भीतर सुनाई पड़ती थी
मन्द-मन्द एक स्थिति जैसे अपनी ही धड़कन की
एक स्पन्दन भीतर तक तरंगित
तभी एक दरवाज़ा खुला
दिखी वीरान-सी एक घाटी
एक रात जिस पर झुकी थी
अकेली हवा जिसमें टहलती थी

अनायास मैं उसमें दाख़िल हो गई
सोचती हुई क्या कोई हृदय ऐसा भी होता है
घाटियों पठारों वाला
जहाँ रात झन-झन बजती है
जैसे ख़ुद वीरानी।

उस तारे-सी

लाना मेरे लिए ख़ुद को
जैसे चिड़िया लाती है तिनका सँभालकर

एक तारा लाना
अनजाने हर रात जो तुम्हारे बिस्तर में आता है
तुम्हारी नींद में शामिल होने
तुम्हारे जागते ही मगर
ग़ायब हो जाता है जो
कि ख़लल न पड़े
तुम्हारे दूसरे प्रेम में

यह दुनिया भरी पड़ी है कितने ही सौन्दर्य से
उतनी ही कुरूपताओं से
सोचती हूँ कौन-सी सुन्दर चीज़ें हैं
तुम्हारी पसन्द की
चाहती हूँ उनमें ही रहना

उस तारे-सी
जो अपनी अनुपस्थिति में
शामिल रहता है तुम्हारी चर्या में सदा।

अक्षर

आख़िर मैं लौट गई
उस किताब में
जिसका मैं पन्ना थी
अन्त तक प्रतीक्षा की
अन्त तक पेड़ कहते रहे
तुम आ रहे हो
अन्त तक जंगल तुम्हें पुकारता रहा
एक चिड़िया अन्त तक कहती रही
अभी लौट जाओ
एक दिन तुम्हें पढ़ने कोई अवश्य आएगा
अभी तुम अक्षरों बिम्बों ध्वनियों में रहो
अभी तुम्हारा अर्थ खुल नहीं पाएगा
तुम्हें समझनेवालों में अभी
सबसे कम नुक़सानदेह किताब ही है
लौट जाओ उसी में चुपचाप
बेआवाज़ जाकर लग जाओ अपनी जगह

अन्त-अन्त तक
यह मानने की इच्छा नहीं थी
लौटने की निष्ठुर विवशता थी मगर
और अक्षर तो मैं थी ही
एक रूखे पन्ने पर कब से टिकी।

किसी और हृदय में

मैं गई तो थी उस रोज़
तुम्हारे भीतर
तुम टहल रहे थे
और तुमसे लिपटती हुई थी हवा

मैं खड़ी देखती रही
तुम्हारी सिहरती निर्वस्त्र देह

मैं प्रतीक्षा करती रही
तुम्हारे सँभलने और लौटने की
एक और सुख की तरफ़
तुम पीले पड़ गए थे
और बस गिरने ही वाले थे
मैं तब भी खड़ी रही
थामने के लिए तुम्हें
लेकिन मैंने देखा
तभी आया तुम्हारा क्रीतदास

तुमसे भी अधिक पीला
और समा गया तुममें

तुम्हारा पौरुष कितना सँभला हुआ था
मैंने जाना
ख़ुद को फिर सँभालती हुई
किसी तरह आई बाहर

यहाँ भी वैसा ही दृश्य था पसरा हुआ
जिससे निकलकर जा रही थीं
दूसरी स्त्रियाँ मेरी तरह ही
किसी और दृश्य में।

सफ़ेद पंख

जाओ उन्हीं आलिंगनों में
जो तुम्हारे थे
उड़ेल दिया था जिनमें तुमने
सारा प्रेम अपना

जाओ अब तक वहीं पड़ा है वह चुम्बन
जिसे छोड़ गई थी लाल आँखों वाली चिड़िया

उठा लाओ वह सफ़ेद पंख
जिसे गिरा गई थी वह किसी और के लिए।

ग्रीष्म तक

अब मैं तुम्हें मिल नहीं पाऊँगी
अब मैं लौट गई हूँ उन्हीं पत्तों में
जिनकी मैं हरियाली थी
उन्हीं हवाओं में जिनकी थी मैं गति

मैं लौट गई चिर-परिचित उसी अरण्य में
जहाँ मैं सुनती रही थी अब तक
दूसरे जीवों के जीवन-राग
विशद आलाप
देखती रही हूँ उनके जन्म
उनके अवसान

अब मैं तुम्हें नहीं मिल सकूँगी
बन गई हूँ दोबारा वह कोयल
रोके रखती है जो अपनी आवाज़
ग्रीष्म तक।

मछलियों की आँखें

यह क्या है जो मन को किसी परछाईं-सा हिलाता है
यह तो हवा नहीं चिर-परिचित सुबह वाली
चिड़ियाँ जिसमें आ सुना जाती थीं प्रकृति का हाल
धूप जाड़े वाली भी नहीं
ले आती थी जो मधुमक्खियों के गुंजार
यह और कोई हक़ीक़त है
कोई आशंका ख़ुद को एतबार की तरह गढ़ती
कि कुछ होगा इस समय में ऐसा
जिससे बदल जाएगा हवा धूप वाला यह संसार
मधुमक्खियाँ जिससे निकल चली जाएँगी बाहर
अपने अमृत छत्ते छोड़
हो सकता है हमें यह जगह ही छोड़नी पड़े
ख़ाली करनी पड़े अपनी देह
वासनाओं के व्यक्तिगत इतिहास से
जाना पड़े समुद्र तल में
खोजने मछलियों की वे आँखें
जो गुम हुईं हमीं में कहीं।

चकित-सा

जो था वह अपूर्ण था
जिधर पूर्णता थी
उधर सारे तालाब भर गए थे कामनाओं से उनकी
जिन्हें नहीं पता था कामना क्या है

प्यास असंख्य थी
इतनी सारी धूल फिर भी
इस नम इलाक़े में
भीतर उड़ती-पड़ती हुई थी

जो रास्ता हो सकता था जल तक पहुँचने का
वही धुँधला किए जा रहे थे पूरे दृश्य को
तालाब तक पहुँचने की ज़िद मगर पुरानी थी
चली आ रही पिछले कई जन्मों से
पानी पर कुमुदिनी फैली हुई थी
खिल रही किसी वासना की तरह

मन्द-मन्द जल के साथ हिलोरें लेती
जैसे इसी के बिना सब कुछ अपूर्ण था

एक प्यास चली आ रही थी जल की ओर
एक सृष्टि चल रही थी यूँ
मेरा हृदय सभी कुछ जान रहा था अभी
अपने स्पन्दन में
चाँद सभी कुछ देख रहा था
चकित-सा।

रात को एक बार देखा था

समय की साँस पर जैसे लेटी हुई
मैं आ-जा रही थी इस लोक से उस लोक में
देख रही थी घना तम चमक रहा था
एक चमकीली रात लेटी थी उधर अपने पूरे सौन्दर्य में
नीले सफ़ेद फूलों से सजी थी उसकी देह
वह सचमुच एक अप्सरा दिख रही थी

समय के हाथों जैसे मैं अचानक चुन ली गई थी
देखने के लिए
किस तरह रात स्वप्न में बदलती है
कैसे उसकी साँस हवा बनती है

बाद में नीले सफ़ेद फूल मेरे चेहरे पर पड़े मिले थे
जैसे वे सौन्दर्य के रहस्यमय चिह्न हों
जिनसे साबित कर सकूँ
रात को देखा था एक बार मैंने यूँ।

एक दृश्य स्वप्न-सा

एक डाल पर सोई थी दूसरी डाल
एक टहनी से सटी लगी थी दूसरी
एक पत्ता ढँके था दूसरे को
सब बचाए हुए थे इस तरह ख़ुद को
बचाकर दूसरों को

बचे रहने का शायद यह सबसे सरल तरीक़ा था
जो लाखों-करोड़ों वर्षों से इस जंगल में सबको पता था
इसी तरह धरती के असंख्य प्राणी बचे रहे थे
मनुष्यों का समाज बचा रहा था
लड़ते हुए घनघोर बारिश तूफ़ान और एक दूसरे की क्रूरता से
आए थे घेरने इन पत्तों टहनियों गिलहरियों ख़रगोशों चीतों को
मनुष्यों के साथ-साथ जाने कितने क्लेश बाधाएँ कितनी
लेकिन ये रहे गुँथे एक-दूसरे से
भीतर से जुड़े कसकर पकड़े ख़ुद को
किए आँखें बन्द सुनते हुए प्रकृति की हर आवाज़ को
सन्तुलित किए हुए साँसों को इस तरह

कि आ-जा सकें सबके भय मंशा सबकी साफ़-साफ़
सब तक

यह एक दृश्य है जो सुरक्षित है प्रकृति में अब
बस उसके एक स्वप्न-सा।

बचा हुआ स्पर्श

शाम रात के आग़ोश में जा चुकी थी
बसंती हवा कचनार के फूलों को हिला रही थी
बगल के ख़ाली मैदान में ऊँची-ऊँची जंगली घास डोल रही थी
मानो खड़ी रात का स्वागत कर रही हो

वह दृश्य कहीं और भी था सहसा लगा
जहाँ सभ्यता का विकास किसी और ढंग से हुआ था
जहाँ शाम और रात के छोटे अन्तराल में
सुन्दरता किसी रहस्य की तरह नहीं छिपी थी
वह थिरकती हुई सबों के सामने थी डाले हाथों में हाथ
देख रहे थे जब इसे जाने कितने युगल
बसन्ती हवा जब सहला रही थी
उनके चेहरे बोल आँखें सारा बदन

शाम रात के आग़ोश में जा चुकी थी
और कोई खोजता था वही स्पर्श हवा में बचा हुआ
वैसे ही इस पल।

जिधर हवाओं का शोर था

उधर जिधर आसमान में घने बादल थे
और बिजली थी
जिधर हवाओं का शोर था
मैदान में पेड़ों की तरह उग आई लहलहाती घास थी
उधर ही मेरा मन था अबाध कब से कुछ सोचता

साथ में कुछ और न था
बस एक हल्की ख़ुशी थी चीज़ों के यूँ होने की
एक झुरझुरी बदन में जाने कैसी।

रात

थी रात आज भी सुबह की प्रतीक्षा में
जैसे कोई औरत अच्छे दिनों की
नहीं मालूम जिसे
अन्धकार में भी उड़ते रहते हैं स्वप्नों के पराग
कई तरह के राग
कितने ही गीत मुँह बन्द किए
कि बहती है ख़ुशी हवा की तरह यहाँ भी कभी-कभी

थी अपनी-सी आज भी
इतने वर्षों बाद रात
गाती हुई राग विहाग
खोले अपने बाल
बहुत दिनों बाद और कोई नहीं था हमारे साथ
हम थे हवा में लहराते छूते हुए अन्धकार

बस बहुत दूर तारे थे फूल प्रकाश के
विस्मित ख़ुश हमें नहीं देखने का स्वाँग करते हुए।

शाम

सुन्दर मुख साँवली काया
जानती हूँ तुम्हें तब से
पहली बार जब मोह में पड़ी जीवन के
जब संसार सारी दुख-दुविधाओं के बावजूद बेहद ज़रूरी लगा

हर बार नये सिरे से अच्छी लगे कोई जब
कभी बची लालिमा की वजह से
कभी डूबती बैंगनी रंग में मिले चटख गुलाबी के कारण
जाती हुई छोड़ यह सब कुछ फिर गहरे काले में आख़िर
प्रतीक्षा करती है उसकी ही मेरी आत्मा
सहेली-सी जो धर देती है मन पर बिला नागा
मौन अवलोकन के सुख को

कौन जानता है सिवा मेरे कैसे ढलने पर
आकर बैठती है मेरे ही भीतर वह
समेटे अपने लम्बे काले बाल
मोड़ कर बाँहें ढँक कमनीय अपनी पीठ गर्दन स्तन

कैसे जब पसारती है रात अपने डैने
लेती हुई संसार को अपनी गिरफ़्त में
तोड़ती सबके बल-संयम
रखती है वही हिसाब हर सुख का
विघटन बिखराव से बचाकर सौंपती है सब कुछ
पूर्ववत् सुबह को।

ऐ हवा

आओ समा जाओ मुझमें हवा
खेलो मुझसे
देखूँ अपने चाँद, पहाड़, आकाश और चिड़िया

सँभालना मुझको
उमड़ी आती हैं भीतर सोन और गंडक नदियाँ
अंग-प्रत्यंग टूटता है जाने क्यों
बेमिल हो रही है चिर-परिचित भीतरी शालीनता
उठती हैं लहरें ये कौन-सी
इतनी नई

मिल जाओ मुझमें या कि
मिला लो ख़ुद में मुझे
एक वेग बना दो मुझे

जान सकूँगी मैं कितने
जंगलों कितनी नदियों को फिर
जिनमें सोती है रात
मेरी प्रिया।

नीला विस्तार

कुछ और दूर चलकर
छूट जाएगा हमारा साथ मेरी कविता
तुम्हें जाना होगा वहाँ
जहाँ समुद्र लहरा रहा होगा
जहाँ स्वप्न जाग रहे होंगे
जहाँ एक स्त्री लाँघ रही होगी एक अलंघ्य प्यास

वहाँ पहुँचकर मुड़ना होगा मेरी तरफ़ तुम्हें
कम-से-कम एक बार
बताना होगा क्या स्वप्न और स्त्री एक ही हैं—
रात के दो फूल
दो दीप अन्धकार के
जिनके जलने से तारे रोशनी पाते हैं
आकाश सजता है जिनसे हर रात

बताना क्या रिश्ता है उनका आपस में

क्या स्त्री सचमुच रात है जैसा मैं जानती हूँ
या रात में स्वप्न है वह

एक नीला विस्तार
अज्ञात है जिसका ज़्यादातर हिस्सा।

रात का दरवाज़ा

कितनी अपनी है अब भी रात
सुनती है किस धीरज से रुदन-विलाप
रहस्य की तरह बचा उल्लास
किस तरह छिपाए रखती है
कौतूहल उस स्वप्न के आगमन का
जिसे पाने के बाद वह सदा के लिए बदल जाएगी

अब भी कितनी अपनी
बचाए हुए उस नीले दरवाज़े को
जिससे अन्ततः निकला जा सकता है यातनाओं के पार।

कोई हवा

कोई हवा मुझे भी ले चले अपनी रौ में
उन नदियों, पहाड़ों, जंगलों में
जहाँ दूसरे जीवों का जीना होता है
मुझे भी दिखाए कठिनतम
स्थितियों में भी कैसे
बचा रहता है जीवन

दस बजिया फूल की एक डाल कैसे
टूटकर जीवन नहीं खोती
ज़रा-सी मिट्टी में लगकर
कहीं पत्थरों में बनी सँकरी फाँक में
वह जीने लगती है नया एक जीवन

कोई एक डाल किसी मज़बूत पेड़ की
तेज़ तूफ़ान में गिरकर भी बची रहती है
हल्की-सी अपने तने से यदि
वह है अब भी लगी

कोई हवा मुझे भी दिखाए कैसे
लाखों करोड़ों जीवाणु
कीड़े-मकोड़े बड़े-छोटे
जीते हैं प्रच्छन्न प्रबल अपने जीवन
कैसे उन्हें कोई पीड़ा नष्ट नहीं कर सकती
गुमराह नहीं कर सकता कोई भी सुख उन्हें
छीन नहीं सकता कोई उनसे उनका सच
रोक नहीं सकता उन्हें जाने से इस जीवन के आगे।

कोहरा, नदी और नाव

पहले एक नदी थी जहाँ अभी कोहरा था
अनगिनत अश्रु-बूँदों की तरह ठहरा हुआ
एक नाव जहाँ अब भी हिल रही थी अपनी ही परछाईं-सी
एक बड़ी चिड़िया जिस पर बैठी थी कातर-सी
एक आदमी जहाँ अपना सामान बाँधे खड़ा था
कहीं जाने के लिए
एक औरत के रोने की हल्की-हल्की आवाज़
हवा में अब भी बची थी

तभी अचानक कोई तेज़ हवा आई
चली गई पोंछती हुई पूरे दृश्य को
आत्मा की अमर छाया-सी हिलती हुई नाव भी नहीं बची

वर्षों फिर कोई हवा इधर नहीं आई
कोई कहीं जाने के लिए नहीं आया
किसी औरत के रोने की आवाज़ नहीं उभरी कहीं से
बस सूखी हुई घास इधर आई हरियाली की खोज में

उसे मैंने अपने मन में बिछा लिया सोचकर
एक दिन आएगी नदी भी इधर
खोजती हुई पानी
कोहरे में जिसके हिलती हुई एक नाव होगी
लादकर अपना सामान तब
मैं भी निकलूँगी एक यात्रा पर
जिसमें सिर्फ़ हवा मेरे साथ होगी।

शाम में एक कामना

किसी राह को कहूँ अपनी राह
किसी विस्मृत सुख को एक सुख
किसी की नींद में जा लेटूँ
जगूँ किसी मीठे स्वप्न की बाँह में
ऐसी है कामना इस शाम

ढल जाने पर इसके लेकिन
क्या बची रहेगी वह राह सुलगती-सी
याद में घुली-मिली सुख की आकांक्षा
नींद एक मोह-सी व्याप्त रोम-रोम में
स्वप्न में तैरतीं दो आँखें हंसों-सी

क्या करूँ

क्या करूँ कि हवा चले विपरीत दिशा में
पक्षी लौटें अपने नीड़ों में बिना भटके
क्या करूँ कि नदी में जल रहे
लकड़ी-सी यह देह किसी के तोड़ने से ना टूटे
धीर आँखों में बसी रोशनी, रोशनी-सी रहे

क्या करूँ कि जाता हुआ वह आता-सा दिखे...

दावा

नीबू के फूलों की गन्ध
सारे बचे संयम को तोड़ देती है
बचे रहते हैं बस हमीं
और यह हवा, रात और कोई अनजान सुख
एक दूसरे में घुले-मिले कुछ ऐसे
कि दिखते नहीं अलग

आह! यह हवा कुछ और ही
पागल किए जाती है इस रात को

चाँदनी मेरी देह को जानने का
दावा करती है
मुझमें धँसे मेरे ही चेहरे को
उठाती है ऊपर

कोई अन्धकार चाहता है

कोई चूमता है मुझे जैसे चाँद बादलों को
या यह है असर सिर्फ़ चाँदनी का
जिसकी रोशनी मुझ पर पड़ रही है
ख़ुद का पागलपन जैसे आलोकित करता हो
भीतर का कोई घुप्प इलाक़ा
सभ्यताएँ जिसको ढँकती रही हैं
कि हम देख न सकें
असर ख़ुद का ख़ुद पर

सचमुच क्या कोई चूमता है मुझे
पागलों की तरह
जिसे मैं जानती नहीं
कोई अन्धकार चाहता है मुझे
अनजान वह जाने कैसे जानता है
मेरे बालों को सहलाने का तरीक़ा

मैं देखना चाहती हूँ उनका चेहरा
जैसे चाँद को नए सिरे से

रात की हवा

हूँ जैसे रात अभी
और हवा
दिल के ख़ज़ाने में समेटे वे सारे चुम्बन
खो चुके जो स्वाद

हूँ जैसे नहीं हूँ
जैसे नहीं वे बातें
जिनसे हम थे इस सृष्टि में

रात घनघोर है
जैसे घनघोर बारिश
जिसमें भीगती हैं हमारी आँखें
जो कुछ और देखती हैं अब

अभी रात है
और रात की हवा
हिलाती हुई घास को एक अजब लय में
जो अब जीवन में नहीं
और उधर पत्थर पर

रात से भी काली छाया
किसी बड़े पक्षी की
विभक्त उसके दो पंखों से
चली आ रही इधर

यह छाया बड़ी अपनी ही छाया से!
चली आ रही है इधर
ग़नीमत है अभी रात है और
रात की हवा।

अजीब इंतज़ार

कितना कुछ अब भी बचा है उसमें
मृत्यु के लिए
कितना अपमान कितनी उदासी
कितने शब्द क्रोध में पनपे

कितना कुछ समाप्त कर गयीं ख़ुशियाँ
अपने स्वागत में
जीवन का सारा मोह ही जैसे रिस गया
स्वाभिमान में ऐंठी इच्छा निराशा में डूबी आख़िर

न प्यार न ख़ुशी
उसने इंतज़ार किया
बस इंतज़ार
अजीब इंतज़ार
आह! मगर किसका

स्त्री सच है

चारों तरफ़ नींद है
प्यास है हर तरफ़
जागरण में भी
उधर भी जिधर स्वप्न जाग रहे हैं
जिधर समुद्र लहरा रहा है

दूर तक देख सकते हैं
समतल पथरीले मैदान हैं
प्राचीनतम-सा लगता विश्व का एक हिस्सा
और एक स्त्री है लाँघती हुई प्यास

उपरान्त कथन

ख़ुदा करे तुम्हें इश्क़ हो

वे रास्ते जिन पर हम चलते आए हैं, वे झरोखे जिनसे अब तक झाँकते रहे हैं ताकि कुछ दिखे जैसे कोई ख़ुशी, जो कभी दिखी नहीं। जिस प्रेम की कल्पना स्त्री करती है, वह कल्पना के बाहर ही रहती रही है। जीवन में उसे उतारने और पाने की सम्भावना एक विमर्श के रूप में ही हासिल रही है उसे। तो क्या फिर इसे एक विमर्श ही मान लें, सतत चलती हुई एक बातचीत प्रेम के बारे में! इस पर कैसे बातें करें कि वह सच-सी लगे?

हीर-राँझा, लैला-मजनू और न जाने ऐसे कितने क़िस्से इसी सन्दर्भ में, इसी विमर्श से तो बने हैं, जिसके अन्त में एक त्रासदी इन्तेज़ार करती है जो प्रेम और प्रेम करने वालों को लहूलुहान कर देती है। अपनी ही कविताओं में प्रेम और मृत्यु के साम्य पर कितनी ही बार रुकी हूँ। शागाल के वे प्रेमी जोड़े हों किसी हंस की पीठ पर बैठे समय के किसी अन्तराल में थरथराते, या फिर फेलीनी की जूलिया और उसकी आत्माएँ, उनमें उलझे धागे, प्रेम के महीन धागे, जंगल के एकान्त में एक पक्षी अपनी मादा को पुकारता, वह इसे सुनती और काठ-सी बैठी इस पुकार के असफल होने की नियति को जानती—जहाँ तक जाया जा सकता है, वहाँ तक, प्रेम जहाँ खोजा जाता है वहाँ नहीं मिलता। बल्कि वहाँ प्यास का कोई एक ताल दिखता है, किसी कम्पन से भरा। मगर एक प्रेम वह भी होता है जिसे एक स्त्री करती है जिससे यह ब्रह्मांड चलता है। उसकी वासना का आयतन इतना

बड़ा होता है कि वह इसकी रक्षा किसी गूढ़ ज्ञान की तरह करती है, यही उसके अस्तित्व का रहस्य भी है। उसका प्रेम सिर्फ पुरुषों के लिए ही नहीं होता, वह नदियों, पहाड़ों, दुर्गम रास्तों, फूलों, पेड़ों और समस्त जीवों के लिए होता है। इस रहस्य का कठिन प्रकाश अक्क महादेवी, ललद्यद और राबिया बसरी के जीवन और कविताओं में मिलता है। मगर एक झलक ही!

बाक़ी सब कुछ प्यास की तरह ही बना रहता है। गला सूख रहा होता है, पाँव चलते रहते हैं, हृदय में एक धुकधुकी बनी रहती है, पीठ पर कोड़े पड़ रहे होते हैं, कोई नीला दाग़ सारे आसमान का, अपना रंग बनता जाता है—प्रेम को किसने पाया और किससे हुआ—यह प्रश्न बना ही रहता है। हाँ, मगर स्त्री के पास अब एक भाषा है, एक रात और स्वप्न है, और इन सबका एक विस्तार भी, एक नीला विस्तार जिसमें प्रेम के प्रतीक के तौर पर वह एक दीये-सी, एक तारे-सी जलती और टिमटिमाती रहती है। कोई दूसरे ब्रह्मांड से गाता-सा सुनाई उसे पड़ता रहता है—ख़ुदा करे तुम्हें इश्क़ हो।

एक स्त्री प्रकृति की तरफ़ आँखें उठाती है, उसके सौन्दर्य को देखती है, जैसे पहली बार, और प्रेम से भर जाती है, जिसे वह विमर्श में बचाए रखती रही है अब तक, आम के पेड़ों में लगी असंख्य मंजरियों की तरह जो उसे दिखाई पड़ती हैं, घूमती हुई घासों से भरी उस सड़क की तरह जो पहाड़ के दूसरी तरफ़ जा रही होती है—उस स्त्री सरीखी जो हमारी जघन्य पितृसत्ता से बाहर निकल गई है।

उसके दाँव-पेंचों से बाहर। मगर पितृसत्ता के बाहर भी आख़िर उसे क्या मिलेगा, स्त्री के हृदय में बहती कोई नदी, उसकी रफ़्तार, या कुछ और? कौन-सा तारा उसके लिए गाएगा, तुम एक इश्क़ हो, प्रेम हो, कायनात का सबसे ख़ूबसूरत ख़याल हो। वैसे कहाँ चले जाते हैं ऐसे लोग जिनके दिल में ऐसी बातें होती हैं? ऐसे लोग चले ही जाते हैं, शायद वह किसी बुख़ार की तरह काया में रहते हैं, या देह पर उतरते हैं।

प्रेम करना भला लगता है चाहे वह किसी और का हो, किसी दूसरे नक्षत्र पर किया जा रहा हो, वह यातना का बस दूसरा नाम न हो।

2025

सविता सिंह

साथ जुड़ें साथ पढ़ें